出羽天領の代官

本間勝喜

はじめに

出羽国（現秋田・山形両県）に、徳川幕府の直轄地である天領が誕生するのは、大大名であった最上氏が改易となった元和八年（一六二二）のことである。それより村山郡を中心にしだいに天領が増加し、結局、出羽国の南部に位置する村山、置賜、田川、飽海（以上、現山形県）、由利（現秋田県）の五郡に十七世紀中に天領が成立し幕末まで存続する。最大時には合せて三〇万石近い天領が存在した。

天領の支配は初め大名預地の形で行われたが、寛永十三年（一六三六）になり初めて専任の幕府代官が任命され、村山天領を支配する。

寛文八年（一六六八）までは出羽代官は一名だけであったのであり、一人の出羽代官が村山天領を支配した。しかも、初めの間は出羽代官が延沢銀山奉行を兼ねたことから、延沢銀山（現山形県尾花沢市）に代官所が置かれたが、延沢銀山の衰微により、寛文十一年（一六七一）に村山郡のうち長瀞村（現山形県東根市）に代官所が移された。それにより先、寛文八年（一六六八）に漆山代官所（現山形市）が新設されたので、出羽代官は二名となった。次いで、貞享四年（一六八七）に寒河江代官所（現山形県寒河江市）が設置されて、出羽代官は三名となり、さらに元禄二年（一六八九）に置賜郡に高畠代官所（現東置賜郡高畠町）も新設されて、出羽代官は四名となる。以後、常時数名の代官が在職することになる。

近世前期における出羽天領支配の中心は、右のような設置の事情から、初め延沢陣屋であり、その後、長瀞陣屋、漆山陣屋に移る。その後の近世中期、後期には出羽代官の支配は寒河江陣屋、尾花沢陣屋、柴橋陣屋が中心となる。

出羽天領は、江戸からはもっとも遠い天領だった反面、米作の行われていない松前、蝦夷地にはもっとも近い天領であった。このような位置が出羽天領に独自な性格や役割を付与することになる。何よりも、元禄九年（一六九六）に始まる〝松前渡米〟が原則として出羽天領から提供された点を挙げることができる。

本書では、右のような点を念頭に置きつつ、寛永一三年（一六三六）より元禄〜正徳年間までに就任した出羽代官のうちから主な代官をとりあげて、その事績を述べたものである。本書で紹介した代官たちは必ずしも有名な人物ではなく、むしろ無名に近い代官が大部分であろう。また名代官として出羽天領領民に長く讃えられた代官もいたが、中には不良代官として処罰された代官もいた。名代官あるいは不良代官と評価された所以についてなるべく、その理由を明らかにしたいと努めたつもりであるが、どれほど果たされているかは心もとないところである。読者諸氏のご批判をたまわれば幸いである。

本書は、法政大学名誉教授村上直先生のお勧めによって執筆したものである。村上先生のご指導、そして仕上りの遅い原稿を根気よく待ってくださった同成社の山脇洋亮氏のご厚意に、心から感謝の意を表するものである。

平成十二年五月

本間勝喜

目次

はじめに
序　章　近世前期の出羽天領と幕府代官……3
一　村山郡天領　5
二　置賜郡天領（屋代郷）　16
三　庄内天領（田川・飽海両郡）　18
四　由利郡天領　25
第一章　初代の出羽代官小林十郎左衛門……29
一　延沢銀山も支配した出羽代官　29
二　新代官に対する期待と幻滅　37
三　「水帳改め」の実施と性格　46
四　小林代官の罷免　52
第二章　世襲代官松平家三代……55
一　代官松平家の出自　55
二　松平清左衛門の善政　59

三　名代官松平清兵衛　81
四　三代松平清三郎　100
第三章　漆山領の歴代代官……114
一　初代代官佐野平兵衛　114
二　延宝年間の代官たち　127
三　延宝九年の漆山領惣百姓訴状　137
四　諸星庄兵衛父子の治政　142
第四章　元禄初年の幕府代官……151
一　長瀞代官永田作太夫　151
二　寒河江代官小野朝之丞　173
第五章　元禄～正徳年間の長瀞代官諸星内蔵助……195
一　出羽国天領の支配体制　195
二　出羽国天領支配の実際　209
三　諸星内蔵助の罷免と流罪　229

出羽天領の代官

（関係略図）

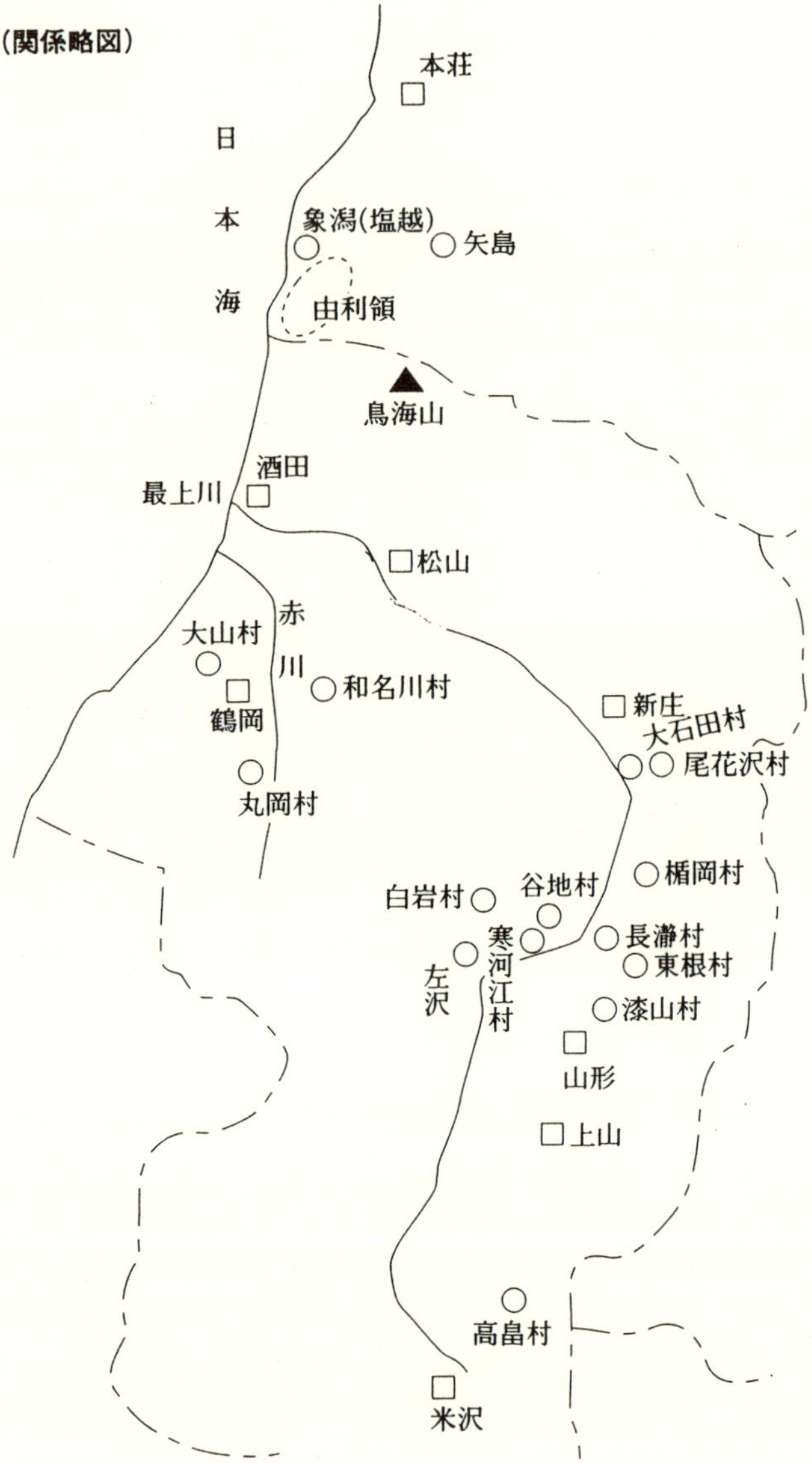

（注） □は主な大名城下を示す。

序　章　近世前期の出羽天領と幕府代官

出羽国には、近世初期から幕末まで南部（現山形県）を中心に、村山、置賜、田川、飽海、由利の五郡に徳川幕府の直轄領である天領が長期間存在した。

出羽国に天領が設置された理由やその後の役割などについてあらかじめ簡単に述べておこう。

第一に、出羽国に天領が設置されるのは、元和八年（一六二二）に大大名の最上氏が改易されたことを契機にしているが、設置の理由としては延沢銀山（現尾花沢市）の存在にあった（『山形県史』第二巻）。延沢銀山は十七世紀初期の慶長～寛永年間が最盛期であったといわれているが（『尾花沢風土記』）、当時はわが国でも有数の銀山であったし、最盛期には二万人ほどの人口があったので、米穀の安定的な供給などにより銀山を維持し発展させるべく銀山付の天領として設置されたものである。当然ながら出羽天領村々の年貢米は江戸廻米などが行われず、主に延沢銀山に向けられることになった。なお、延沢銀山はもともと最上氏の領有であり、その後元和八年（一六二二）よりは山形藩鳥居家の領地となったが、寛永十一年（一七三四）に幕府の領有となる。そして、出稼ぎ農民が多数発生し、農村に荒地が生じるなど弊害が現われたことから、一時留山となるが、その後、寛永十八年に再開される。その間、天領村々の年貢米は年によって佐渡銀山へ向けられることもあった。ちなみに近世初期の出羽代官は延沢銀山奉行を兼務した。

第二に、一時採銀量を誇った延沢銀山であったが、その衰退は案外早く到来し、寛文年間には全く衰退したといわれ（尾花沢市史編纂委員会『延沢銀山史料』）、それに伴い出羽天領の存在意義も変化する。延沢銀山衰微の反面、この頃は江戸の人口が急増した時期であり、出羽天領村々の年貢米は延沢銀山にはほとんど向けられなくなって、代って江戸に廻米されるようになる。百万人といわれた江戸の人口を支えるべくできるだけ多くの年貢米を向けることが出羽天領の存在意義となってくる。その後もその基本的役割は変らなかった。もっとも近世後期には大坂廻米も行われる。

第三に、近世中期の元禄期になると、幕府の対松前藩政策の重要な一翼を担うという意義も加わる。江戸時代に松前・蝦夷地は基本的に非米作地であったので、松前藩は近世前期には弘前藩をはじめ奥羽・北陸の諸藩より米を購入していたが、元禄八年（一六九五）の奥羽の大凶作を契機に、松前藩では幕府に願い出て年々出羽天領の年貢米の一部を払い下げてもらうことになった。松前藩の藩用米の重要部分を占めることになる。その払下げ米を出羽天領の方では〝松前渡米〟と称したが、それ以降出羽天領、特に庄内・由利天領は〝松前渡米〟の供給地となったのであった。

右のような出羽天領の存在意義に留意しつつ、本書では、出羽天領を支配した幕府代官のうち、寛永十三年（一六三六）より正徳四年（一七一四）までの間に在任した主な代官について、その支配の実際やその性格などについて紹介したものである。

本論に先立ち、出羽天領の石高や支配の概要について郡別に略述しておく。

一　村山郡天領

出羽国天領が存在した五郡のうち村山郡の天領が石高のうえで圧倒的であった。そこでまず、近世前期の村山郡天領の成立と石高の増減について表1を参考にして、やや詳しく述べてみる。

元和八年（一六二二）の山形藩最上家の改易により、その旧領地は鳥居家、酒井（左衛門尉）家、戸沢家などの諸大名・旗本に分け与えられたが、その際に寒河江領二万石が天領となったのである。これが出羽国では最初の天領であった（「最上記」）。しかし、寛永三年（一六二六）に寒河江領は山形藩鳥居家に加増となったので（『寛政重修諸家譜』）、成立して四年ほどして村山郡の天領はいったん消滅したわけである。

翌年の寛永四年（一六二七）に、上山藩四万石の城主であった蒲生忠知が、嗣子なく死去した兄の蒲生忠郷の遺領を継ぐことになったので、上山藩領はいったん上知となったが、翌五年に土岐頼行が下総相馬郡より上山に二万五千石で転封となったことにより、差引で一万五千石が天領となった。谷地領と呼ばれる（『河北町の歴史』上巻）。寛永八年（一六三一）に左沢藩主酒井直次（庄内藩主酒井忠勝の弟）が嗣子なく死去したので、上知となり左沢領一万二千石はいったん天領となっていた。しかし、翌九年になって、突如罪を問われて改易となった肥後国熊本城主の加藤忠広が庄内藩酒井家に預けられ、その扶持方の分として左沢領のうち一万石が与えられたものの、庄内藩側の要請で庄内のうち丸岡領一万石と替地になったので、庄内藩に改めて左沢領一万二千石が与えられたのである（『大江町史』）。

さて、寛永十三年（一六三六）に山形藩主の鳥居忠恒が嗣子なく死去したので鳥居家二十四万石は改易となり、代って保科正之が二〇万石で入部した。これにより、寒河江領二万石が再び天領になるとともに、尾花沢領二万石も新たに天領となったのである。村山郡天領は合せて五万五千石となった。

寛永十五年（一六三八）に白岩領八千石において、領主の酒井忠重（庄内藩主酒井忠勝の弟）が苛政を行ったことから領民の騒立てや江戸越訴が行われて（白岩騒動）、結局、忠重は領地を没収されて、代わりに蔵米八千俵が与えられることになったので、白岩領も天領となった（『編年西村山郡史』）。さらに寛永二〇年（一六四三）に山形藩主の保科正之が陸奥国会津に転封となり、翌正保元年（一六四四）に越前国大野より松平直基が十五万石で山形に入部した（『山形市史』中巻）。これにより五万石が上知となったので、村山郡天領の石高は十一万三千石となった。

寛文八年（一六六八）になり、山形藩主が十五万石の松平（奥平）忠弘から九万石の奥平昌能に交代したので、山形藩領は六万石が削減され、そのうち、東根領三万石は宇都宮藩主として転出した松平忠弘の飛地領となったが、残る漆山領三万石は天領となった（『天童市史』中巻）。しかし、同じ寛文八年のこと、藩内の不取締から肥前国島原藩主の高力高長が改易となり仙台藩伊達家に預けられたが、同じ島原のうち

表1　近世前期の村山郡天領

年　次	西　暦	石　高	累　計	備　　考
元和8	1622	石 20,000	石 20,000	寒河江領
寛永3	1626	−20,000	0	
寛永5	1628	15,000	15,000	谷地領
寛永8	1631	12,000	27,000	左沢領
寛永9	1632	−12,000	15,000	
寛永13	1636	40,000	55,000	寒河江領、尾花沢領
寛永15	1638	8,000	63,000	白岩領
正保1	1644	50,000	113,000	大石田領など
寛文8	1668	30,000	143,000	漆山領
〃	〃	−3,000	140,000	高力政房領へ渡る
寛文11〜延宝3	1671〜75	12,000	152,000	検地による増高
天和2	1682	−10,000	142,000	本多利長領へ渡る
貞享2	1685	−10,000	132,000	山形藩堀田家へ渡る
元禄10	1697	−5,000	127,000	上山藩松平家へ渡る
元禄12	1699	10,000	137,000	本多利長の転封

注(1)　田宮照夫「近世羽州村山郡の幕領の変遷について」(『山形史学研究』第9号)を中心に作成。
(2)　石高は概数である。

で領地三千石を分封されていた高長の弟高力政房も出羽国村山郡のうちに領地を移されたのであり、村山郡天領から三千石が引渡された。

村山郡天領では、寛文十一年（一六七一）から延宝四年（一六七六）までの六カ年に及んで支配代官により寛文・延宝検地が行われ、石高で一万二千石余が増加した（「最上記」）。そのため村山郡天領の石高は十五万石に達したのである。これが近世前期における天領の石高のピークであった。

しかし、天和二年（一六八二）

に、遠江国横須賀藩五万石の藩主だった本多利長が領地の治政よろしからずとして出羽国村山一万石に移された（村山藩）。そのため村山郡天領より一万石が引渡された（「最上記」）。貞享二年（一六八五）には、山形藩の藩主が交代し、九万石の奥平昌章が宇都宮に転封して代って下総国古河より堀田正仲が一〇万石で入部した（『山形市史』中巻）。そのため山形藩領が一万石増石することになったが、その分はやはり村山郡天領より引渡された。また元禄一〇年（一六九七）に、上山藩主が金森頼旹《よりとき》から松平信通に交代したが、その際に村山郡天領から五千石が引渡されたというように（『山形県史』第二巻）、少々減じはじめた。

それでも、天和二年（一六八二）に村山藩一万石の藩主となっていた本多家が元禄十二年（一六九九）に越後国糸魚川に移されたので（『山形市史』中巻）、領地であった村山一万石はそのまま上知となり、天領に編入された。この時点で、村山郡天領の高は十三万五千石であった。

以上、十七世紀（近世前期）の村山郡天領の成立や石高の増減についてやや詳しく述べてきたが、寛文八年（一六六八）時の天領高十四万三千石のうち十二万石が山形藩領から編入されたものであり、村山郡天領は山形藩領の縮小と反比例する形で増加してきたといえる。

さて、続けて近世中期・後期の村山郡天領高の変遷についても紹介するが、以下は主な動きだけを述べることにしたい。

寛保二年（一七四二）に白河藩主松平直矩が播州姫路に転封となったが、その際に村山郡内にあった飛地領の東根領三万石は上知となり天領となった（『東根市史・通史編』）。延享元年（一七四四）に山形藩主の堀田正亮が大坂城代に就任したことにより、領地一〇万石のうち四万石が大坂周辺に移されたことから、村山郡で四万石が上地となり天領となった（『山形市史』中巻）。これにより村山郡の天領はついに二〇万石を越えた。

明和元年（一七六四）に、山形藩主の松平乗佑が三河国西尾に転封となって、それより明和四年まで代わりの藩主が任命されなかったことから、四カ年の間、本来山形藩領付きの四万一千石は天領となった（『山形市史』中巻）。そのため、この時期に村山郡天領は二三万二千石ほどに及んだとみられる。この時期に村山郡天領の石高は近世を通じて最大となったのである。

以後は一転して、村山郡天領の石高はしだいに減少に向うことになる。まず、明和四年（一七六七）に山形藩主として武蔵国川越より秋元凉朝《すけとも》が入部し、領地高六万石のうち三万五千石が村山郡で与えられた（『山形市史』中巻）。そのため村山郡天領は二〇万石を割込んだことになる。同じ明和四年のこと、上野国小幡二万石から織田信浮《のぶちか》が置賜郡高畠に移封となったが（高畠藩）、領地二万石のうち一万二千石余が村山郡内で与えられたので、村山郡天領から引渡された（『高畠町史』中巻）。寛政二年（一七九〇）に、常陸国土浦藩土屋家の飛地領一万二千石が村山郡内に設定されたので（『天童市史』中巻）、村山郡天領より引渡された。寛政一〇年（一七九八）に、米津通政《よねきつ》が武蔵国久喜から村山郡長瀞（現東根市）に移されたが（長瀞藩）、領地高一万一千石のうち村山郡で六千石余を領することになり（『東根市史・通史編』）、村山郡天領より引渡された。文政六年（一八二三）に、山之辺領など二万七千石余が陸奥国白河藩阿部家の飛地領として設定されたので（『村山市史・近世編』）、村山郡天領より引渡された。

また、山形藩秋元家（六万石）は明和四年（一七六七）より山形城付の分として三万五千石を領していたが、天保十三年（一八四二）に残る二万五千石も村山郡で与えられたことになったので（『山形市史』中巻）、やはり村山郡天領から引渡された。ちなみに秋元家の領地の実高は七万一千石に及んだようである。

安政二年（一八五五）に、箱館開港に伴い、蝦夷地の大半が上知となり、箱館奉行の支配となったので、松前藩には代替地として陸奥国梁川および出羽国村山郡東根で合せて三万石（込高四万石）を与えられた。その大半が村山郡に設定された。村山郡天領より三万石余が引渡された（『東根市史・通史編』）。

右のように、明和四年（一七六七）以降、次第に村山郡天領は減少していたが、幕末の元治元年（一八六四）頃の村山郡天領（実高）は八万八千六百石ほどになっていた（田宮照夫「近世羽州村山郡の幕領の変遷について」『山形史学研究』第九号）。

次に、近世前期における村山郡天領の支配についても略述しておこう。

元和八年（一六二二）に出羽国で最初の天領となった寒河江領二万石は、同年に入部した山形藩鳥居家の預地となった（「最上記」）。鳥居家ではそのため寒河江代官を任命して預地支配したのである。

「最上記」によれば、寒河江代官には初め豊田壱岐守という藩士が就いた。壱岐守を名乗っていることからかなり上級の家臣とみられる。しかし、その預地支配が相当厳しく、そのため百姓たちが訴訟を起こしたことで豊田代官は罷免となり、代って石黒茂助という藩士が寒河江代官を勤めたとする。したがって、鳥居家は寒河江領を預地支配するのに、かなり大きな権限を与えられた寒河江代官を中心に行っていたのである。なお、寛永三年（一六二六）で預地がいったん廃止となり、鳥居家の領地となったのである。寛永五年（一六二八）に上山藩領より天領となった谷地領一万五千石も山形藩鳥居家の預地となった（『河北町の歴史』上巻）。「最上記」では、前年寛永四年からのこととする。寛永十三年（一六三六）に鳥居家が改易になるまで同家の預地が続いた。

寛永八年（一六三一）より約一カ年だけ天領となった左沢領一万二千石は庄内藩酒井家の預地となった。庄内藩主酒井忠勝が左沢藩主だった酒井直次の実兄だった関係から、本藩庄内藩の預地とされたものとみられる（『大江町史』）。庄内藩では左沢代官らの役人を派遣して預地支配に当った。ちなみに、左沢領は翌九年に庄内藩領になり、次いで慶安二年（一六四九）に支藩松山藩領となった。

前述のように寛永十三年（一六三六）に鳥居家が改易となり、それにより鳥居家の谷地領に対する預地支配は自動的に中止となったが、幕府は新たに山形藩主となった保科家の預地にはせず、幕府代官の直支配とすることにし、初めて出羽代官を任命したのであった。

伊豆代官だった小林十郎左衛門が初代の出羽代官に就任したのである（「最上記」）。同年に再び天領となった寒河江領、そして初めての尾花沢領も小林代官の支配となった。二年前の寛永十一年（一六三四）に幕府の公儀山となっていた延沢銀山も十三年から小林代官の支配となった。小林代官の支配高は初め五万五千石であったが、寛永十五年（一六二八）に白岩領八千石も加って、支配高は六万三千石となった。

ところが、小林代官の子の彦五郎も代官であったが、寛永十九年（一六四二）に彦五郎が罪に問われたことに小林代官も連坐して代官を罷免となった（『徳川実紀』第三篇）。

代って三河国長沢代官（愛知県音羽町）や遠江国中泉代官（現静岡県磐田市）を勤めていた松平清左衛門が出羽代官に転じたのである。松平家は世襲代官の家柄であった。前任の小林代官の支配地をそのまま引継いだので、初めの支配高は六万三千石であった（「最上記」）。

正保元年（一六四四）に、山形藩領から天領になった山之辺領、長崎領、蔵増領、楯岡領、大石田領、延沢領の六領、合せて五万石も松平清左衛門の支配に入ったので、松平代官の支配高は十一万三千石に及んだ。ちなみに、松平代官の支配下の寒河江領などでは承応年間（一六五二―五五）に定金納である五分一金納が始まったし（「正覚寺文書」）、万治二年（一六五九）頃から商人請負による年貢米の恒常的な江戸廻米が始まった（『酒田市史・改訂版』上巻）。松平清左衛門は寛文六年（一六六六）に隠居したので、清左衛門の後に中泉代官を勤めていた子の松平清兵衛が代って出羽代官となった（「最上記」）。清左衛門の支配高である十一万三千石をそのまま引継いだ。ところが、寛文八年に備前国島原より領地を移された高力政房に三千石を引渡したので、清兵衛の支配高はいったん十一万石に減じた。

ここまで紹介した小林十郎左衛門、そして松平清左衛門・清兵衛父子という三人の代官はそれぞれ唯一人の羽州代官として村山郡天領全体を支配してきたのであった。

ところが、寛文八年（一六六八）に、山形藩領から天領となった漆山領三万石は松平清兵衛の支配とはならず、新たに漆山代官所が設けられて、別に漆山代官が任命された。初代の漆山代官には、近江代官や伊勢代官などを勤めた佐野平兵衛が就任した（『天童市史』中巻）。ところが、佐野代官はかなりの引負金があることが発覚し遠島に処されたので、その後は二人の代官、または三人の代官による立会支配の形がとられたが、天和元年（一六八一）に駿州代官だった諸星庄兵衛が漆山代官となった（『漆山御料御代官記』）。漆山代官は一人体制にもどったのである。

さて、松平清兵衛・佐野平兵衛両代官により村山郡天領で寛文十一年（一六七一）から寛文・延宝検地が実施され、一万二千石余の打出しとなった（「最上記」）。なお、検地に際し、松平清兵衛代官は寛文十一年に代官所をそれまでの延沢（現尾花沢市）から長瀞（現東根市）に移したといわれる（『山形県史』第二巻）。それより前、寛文九年より庄内の大山領一万石も天領となったので松平清兵衛の支配となった（『大山町史』）。なお、寛文十二年、年貢米の江戸廻米について、それまでの商人請負制に代って百姓直廻し体制となった（『酒田市史・改訂版』上巻）。

松平清兵衛が羽州・長瀞代官に在職のまま延宝三年（一六七五）に病死したので、子の松平清三郎が跡を継いだ（「最上記」）。父清兵衛の支配高十三万石余をそのまま引継いだので、子の清三郎の支配高も初め十三万石ほどであったが、天和二年（一六八二）および貞享二年（一六八五）の二度にわたり私領渡しがあったうえ、貞享四年に支配地から三万五千石余が割かれて別に寒河江代官所が新設されたので、清三郎の支配高は八万石余まで減じたのである（「最上記」）。ちなみに、新設の寒河江代官には太田半左衛門が就任した。しかし、翌元禄元年に死亡したので、代って小野朝之丞が寒河江代官となる（「最上記」）。

結局、村山郡天領は三つの代官所に分割され、三人の幕府代官に支配されることになったのである。

そして、元禄二年（一六八九）に、松平清三郎代官が武蔵国などを支配する関東代官に転出したのであり、寛永十九年（一六四二）より五〇年近くに及んだ清左衛門、清兵衛、清三郎三代による世襲代官松平家の羽州天領支配も終止符が打たれたのであった。代って長瀞代官には永田作太夫が就任し、元禄六年まで在任した（「最上記」）。

ところが、漆山代官だった諸星庄兵衛が在職のまま死去したことから、一族の諸星内蔵助が元禄七年（一六九四）に長瀞代官に就任し、数年間に及んで村山郡天領全体を支配したので（茎田佳寿子『幕末日本の法意識』）、漆山役所・寒河江役所はしばらく出張陣屋に格下げされていたとみられるが、まず元禄十五年（一七〇二）に杉山久助が漆山代官に任命されて（「漆山御料御代官記」）、漆山役所は代官所として復活することになる。次いで、正徳四年（一七一四）に諸星内蔵助が代官を罷免されたことにより、その支配地は二分され、後任の長瀞代官には秋山彦太夫が、復活した寒河江代官には柘植兵太夫が、それぞれ就任した（『山形県史要覧』）。つまり、村山郡幕領は再び三代官所に分割されて支配されることになったのであり、その形がしばらく続くことになる。

以上から、近世前期の村山郡天領の支配は、寛永十三年（一六三六）までは山形藩鳥居家を中心に専ら大名預地の形がとられた。そして同年より初めて羽州代官が任命されて、幕府代官による直支配となったのである。初代代官の小林十郎左衛門の支配は六カ年ほどであったが、寛永十九年（一六四二）より世襲代官松平家三代による支配が五〇年近くに及び、その間、松平家の出羽天領支配における比重は圧倒的だったのである。その松平家が元禄二年（一六八九）に関東代官に転出したことで、その後は、諸星内蔵助の場合を除けば、数カ年程度で転任するところの吏僚的な代官が主となった。

参考までに、寒河江領や寒河江陣屋を支配した幕府代官のうち宝暦年間の分までを表2に示した。

表2　寒河江代官

氏　名	在　任
山形藩預地	元和8年(1622)～寛永13年
小林十郎左衛門	寛永13年(1636)～寛永19年
松平清左衛門	寛永19年(1642)～寛文6年
松平　清兵衛	寛文6年(1666)～延宝3年
松平　清三郎	延宝3年(1675)～貞享4年
太田半左衛門	貞享4年(1687)～元禄1年
小野　朝之丞	元禄2年(1689)～元禄7年(6月)
諸星　内蔵助	元禄7年(1694)～宝永4年
諸星　内蔵助 諸星　藤兵衛	宝永5年(1708)～正徳2年
諸星　内蔵助	正徳3年(1713)～正徳4年
柘植　兵太夫	正徳4年(1721)～享保6年
森山　勘四郎	享保7年(1722)～享保18年
池田　喜八郎	享保18年(1733)～享保19年
黒沢直右衛門	享保19年(1734)～延享1年
山本　平八郎	延享1年(1744)～寛延2年
柴村藤右衛門	寛延2年(1749)～寛延3年(8月)
蔭山　外記	寛延3年(1750)～宝暦1年(7月)
天野　市十郎	宝暦1年(1751)～宝暦1年(12月3日)
辻　六郎左衛門	宝暦1年(1751)～宝暦13年

（注）『寒河江市史』中巻を中心に作成。

二　置賜郡天領（屋代郷）

寛文四年（一六六四）米沢藩主上杉綱勝が病死し継嗣が定まってなかったので、藩の存続は許されたものの、領地は半減されて三〇万石から十五万石に縮小した。上知となった十五万石はそのまま天領となったが、そのうち十二万石は陸奥国、残り三万石が出羽国置賜郡の屋代郷であった。天領となった屋代郷には高畠村を中心に初め三十四カ村が所属したが、元禄二年（一六八九）に一村が米沢藩領となり、三十三カ村となった（『山形県の地名』）。ちなみに元禄四年の検地により石高は三万七二七六石余に増加した。

その後しばらくの間、石高に大きな変化はなかったのであったが、明和四年（一七六七）に上州小幡より織田信浮《のぶちか》が置賜郡高畠に転封となったのであり（高畠藩の創設）、領地二万石の一部高四六〇〇石余は屋代郷に所属していた高畠村など六カ村で与えられた（『高畠町史』中巻）。そのため天領の屋代郷は実高三万二千石余に減じた。それでも、天保元年（一八三〇）に織田家が居城を高畠より天童に移した（天童藩と改称）のに伴い、嘉永元年（一八四八）に至り、置賜郡にあった領地四六〇〇石余も村山郡に移されたことから（『高畠町史』中巻）、屋代郷の石高・村数は明和四年（一七六七）以前に戻ることになった。

右のように寛文四年（一六六四）より二〇〇年余りにわたり屋代郷は天領として存続することになるが、慶応二年（一八六六）に京都警衛の費用にあてるための加増地として米沢藩に与えられたので、置賜郡の天領は消滅したのであった（『米沢市史・近世編』一）。

天領であった時の屋代郷の支配については、寛文四年（一六六四）より元禄二年（一六八九）の二十五カ年ほどは米沢藩預地であった。米沢藩では屋代郷の預地支配のため、預地代官を任命した。預地代官は、一人の預地代官頭（のち預地郡奉行と改称）と、そのもとに六名の預地代官、という構成になっていたが、預地代官頭は二百石の家臣であったものの、六名の預地代官は本領代官とは異なり、下級家臣より登用された（『米沢市史・近世編』一）。

ところが、五代将軍徳川綱吉の「天和の治」において、幕府は直轄地である天領の支配の刷新・強化をはかり、その一環として大名預地を廃止する方針をとった。そのため、元禄二年（一六八九）に、米沢藩の屋代郷預地支配が解かれ、幕府代官の直支配とされた（『高畠町史』中巻）。

屋代郷の支配のため初め高畠代官所が新設され、小林儀助が初代の高畠代官に任命されたが、同人は任命後間もなく死去し、そのため陸奥・桑折代官の柘植伝兵衛が兼務することになり、高畠役所は出張陣屋と

表3　屋代郷の幕府代官

名前	在職年
小林儀助	元禄2年(1689)
柘植伝兵衛	元禄2年(1689)～同7年
窪田長五郎	元禄8年(1695)～正徳2年
窪田三七郎	正徳2年(1712)
岡田庄太夫	正徳3年(1713)～享保6年
山下伊右衛門	享保7年(1722)
森山勘四郎	享保7年(1722)～同17年
永井孫次郎	享保18年(1733)
関忠太夫	享保19年(1734)～元文1年
吉田久左衛門	元文2年(1737)～同4年
佐山半次郎	元文5年(1740)～寛保2年(1742)

（注）『高畠町史』中巻による。

なった。その後も、屋代郷は陸奥代官の支配を受けることが多かった（『高畠町史』中巻）。

したがって、近世前期における置賜郡天領（屋代郷）の支配は、成立から元禄二年（一六八九）までが米沢藩預地であり、その後、幕府代官の支配に移ったのである。表3は近世中期の屋代郷を支配した幕府代官を示したものである。

代官佐山半次郎の後は再び米沢藩の預地となる。

三　庄内天領（田川・飽海両郡）

庄内の田川・飽海両郡にも十七世紀後半に天領が成立した。丸岡領、大山領、余目領の三領である。

丸岡領（一万石）は寛永九年（一六三二）幕府より庄内藩酒井家に罪人として預け人となった前肥後国熊本城主の加藤忠広にその扶持方の分（堪忍料）として与えられたものである。初め村山郡左沢領の一万石が与えられたが、庄内藩の希望により変えられたのである。その際、その領地決定にあたり幕府、特に老中松平信綱の指示で租率などの低い「悪地」の村を選んで所属させたのである（『鶴岡市史』上巻）。

丸岡領として分属させられたのは三十二カ村であったが、その後も備前村より枝村荒屋敷村が分村・独立したし、また落野目村地内の一部耕地が最上川川筋の矯正のため潰地となったことにより、その替地が対岸の砂越村で与えられたのであって、砂越村の一部も丸岡領に組込まれたので、延宝四年（一六七六）

までに合せて三十四カ村となっていた（拙著『近世前期羽州幕領支配の研究』）。そのうち、三十一カ村が田川郡、三カ村が飽海郡である。

ところが、承応二年（一六五三）に加藤忠広が丸岡村で死去したので、丸岡領一万石は天領となった。庄内では最初の天領であった。

寛文八年（一六六八）頃に丸岡領の一部三千石ほどが私領渡しになることが検討されたことがあったが、何らかの事情で実現しなかった（『大泉紀年』中巻）。また、天明四年（一七八四）より同八年まで四カ年ほど、後で紹介する余目領全村とともに、丸岡領の一部が庄内藩の支藩松山藩の領地となるということがあった。これは、松山城築城にあたり近郷で人足を調達するためである（『余目町史』上巻）。それより幕末の元治元年（一八六四）まで、丸岡領は一万石のまま天領として存続したのであった。そして、元治元年に、前年文久三年に新徴組が庄内藩に委任されたことから、その手当の分として庄内・由利天領は庄内藩に加増されたのであり、丸岡領も同年に庄内藩領となった。

次に、大山領（一万石）は、正保四年（一六四七）に庄内藩の初代藩主酒井忠勝の末期の願いにより七男忠解に分知されることになり、実際の分知は慶安二年（一六四九）に行われた（『大泉紀年』上巻）。大山領として初め二十カ村が分地されたが、大山藩の「城下町」となる大山村に建設された上下家臣たちの家中屋敷・足軽屋敷の敷地として潰れた耕地の替地として丹波興屋・論田両村で六十六石七斗余が追加して分知されたもので、そのため新しく丹波興屋村一村が加わって二十一ヵ村となった。さらに、寛文年間（一六六一―七三）に新田村として村立てされた野中新田、柳原新田の二カ村が加わったので（『山形県の地名』）、合計二十三カ村となったのである。

ところが、寛文八年（一六六八）に藩主酒井忠解が在国中に急逝し、継嗣が定っていなかったことなどから、翌九年に改易となり、大山領は天領となった（『大山町史』）。それより、村数・領地に変動のないまま二百年近くにわたり天領となっていたが、幕末の元治元年（一八六四）に庄内・由利天領の一部として庄内藩領に編入された。

余目領（五千石）は天和二年（一六八二）に庄内藩酒井家の一族である酒井忠高に分知されたものであった（余目・酒井家と呼ぶ）。しかし、忠高以下三代の領主がいずれも若死し、合せてわずか十五年ほどで余目・酒井家は断絶となり、元禄九年（一六九六）に余目領五千石は天領となった（『余目町史』上巻）。

その後、天明元年（一七八一）に一部一六〇石余（田谷村一村と大野村の一部）が築城される松山城城地として潰地となる分の替地として松山藩（庄内藩の支藩）に与えられたので、実際の石高は四九〇〇石余と五千石に少し不足することになった（『松山町史』上巻）。また、天明四年～八年の四カ年ほど、松山城築城のため丸岡領の一部とともに余目領全体が松山藩領となることがあったが、その後はまた天領に復帰し（『余目町史』上巻）、元治元年（一八六四）まで天領のままであり、それより庄内藩領となった。なお、その間、正徳三年（一七一三）より天保十三年（一八四二）まで一三〇年間、十五カ村（後十四カ村）の定免は全く不変であった（拙著『近世幕領年貢制度の研究』）。

以上、庄内天領三領の成立や石高の増減などについて概観してみたものである。なお、三領を郡別にみると、大山・余目両領の村々は田川郡のみに存在したのであるが、丸岡領は田川郡三十一カ村、飽海郡三カ村と分かれていたので、庄内天領全体では田川郡の村六十九カ村、飽海郡二カ村であった。庄内天領は、最上川の南側にある田川郡の方に偏在していたのである。

次に庄内天領三領の近世前期における支配についても略述しておこう。

丸岡領は、もともと庄内藩酒井家に罪人として預けられた加藤忠広の領地であったという事情から、忠広在世時から庄内藩藩士が丸岡代官を勤めたように、丸岡領の地方支配は庄内藩に委任されていたのである。そして承応二年（一六五三）に忠広が死去し天領となってからも、庄内藩預地となったことから、庄内藩の支配が続くことになった。庄内藩では引続き丸岡代官という名称で預地代官二名を任命して、同代官を中心に預地支配を行った。なお、大庄屋（大肝煎）も庄内藩領の大庄屋（大肝煎）の兼務という形がとられた。元禄二年（一六八九）に、米沢藩の場合と同様に、庄内藩の丸岡領預地支配が解かれ、幕府代官の直支配となった。それより幕府代官の支配が寛保二年（一七四二）まで続く。その場合、初め丸岡領は新任の高畠代官（置賜郡）小林儀助の支配になったが（「最上記」）、同代官が急死したので、その後は寒河江代官など村山郡に代官所を置く幕府代官の支配を受けることが多かった。そのため、出張陣屋が丸岡領のうちに置かれたが、初め二カ年ほどは丸岡村に仮役所が置かれていたようで、元禄四年（一六九一）になって和名川役所（現藤島町）が新築された。しかし、大山領と同じ代官の支配ということが多かった

の支配一覧

大　山　領	余　目　領
寛文９年２月～延宝３年　松平清兵衛	
延宝３年～元禄２年５月　松平清三郎	
元禄２年６月～元禄６年４月永田作太夫	天和２年～元禄９年(余目・酒井家領)
元禄６年４月～元禄７年２月小野朝之丞	元禄９年～正徳３年８月　庄内藩預地
諸星内蔵助	正徳３年８月～正徳４年３月諸星内蔵助
下島、中川、岡田	下島、中川、岡田
柘植、秋山	柘植、秋山
秋山彦太夫	秋山彦太夫
森山、長谷川	森山、長谷川
小野惣左衛門	小野惣左衛門
小林又左衛門	小林又左衛門
内山七兵衛	内山七兵衛
日野小左衛門	日野小左衛門
黒沢、堀江	黒沢、堀江
元文５年４月～寛延２年７月　蔭山外記	元文５年４月～寛保２年６月　蔭山外記
寛延２年７月～寛延２年12月庄内藩預地	寛保２年６月～寛延２年12月庄内藩預地
柴村藤右衛門	柴村藤右衛門
天野、(川崎)	天野、(川崎)
小田切新五郎	小田切新五郎
会田伊右衛門	会田伊右衛門
庄内藩預地	庄内藩預地
大貫次右衛門	大貫次右衛門
庄内藩預地	庄内藩預地
(庄内藩領)	(庄内藩領)

表4　由利・庄内幕領

在職期間	由利領	丸岡領
元和9年～寛永8年閏10月	仁賀保家預地	寛永9年6月～承応2年(加藤忠広領)
寛永9年～元禄2年5月	庄内藩預地	承応2年～元禄2年6月庄内藩預地
元禄2年6月～元禄2年8月	小林儀助	小林　儀助
元禄2年9月～元禄7年2月	小野朝之丞	小野朝之丞
元禄7年2月～正徳4年3月	諸星内蔵助	諸星内蔵助
正徳4年3月～正徳4年4月	下島甚右衛門、中川吉左衛門 岡田庄太夫	下島、中川、岡田
正徳4年4月～享保7年9月	柘植兵太夫	柘植、秋山
享保7年9月～享保8年6月	秋山彦太夫	秋山彦太夫
享保8年6月～享保9年5月	森山勘四郎、長谷川庄五郎	森山、長谷川
享保9年5月～享保12年8月	小野惣左衛門	小野惣左衛門
享保12年8月～享保17年6月	小林又左衛門	小林又左衛門
享保17年6月～享保17年11月	内山七兵衛	内山七兵衛
享保17年12月～元文4年11月	日野小左衛門	日野小左衛門
元文4年12月～元文5年4月	黒沢直右衛門、堀江清次郎	黒沢、堀江
元文5年4月～寛延2年7月	蔭山外記	元文5年4月～寛保2年6月蔭山外記
寛延2年7月～寛延2年12月	庄内藩預地	寛保2年6月～寛延2年12月庄内藩預地
寛延3年1月～寛延3年3月	柴村藤右衛門	柴村藤右衛門
寛延3年4月～宝暦10年6月	天野市十郎 (宝暦7年12月～8年3月 川崎平右衛門)	天野、(川崎)
宝暦10年6月～明和1年8月	小田切新五郎	小田切新五郎
明和1年9月～明和6年7月	会田伊右衛門	会田伊右衛門
明和6年7月～天保13年7月	庄内藩預地	庄内藩預地
天保13年8月～弘化1年11月	大貫次右衛門	大貫次右衛門
弘化1年11月～元治1年8月	庄内藩預地	庄内藩預地
元治1年8月～	(庄内藩領)	(庄内藩領)

(注)　本間勝喜『近世前期羽州幕領支配の研究』による。

のであり、その場合は大山役所が使用されるのが通例であって、結果として和名川陣屋の使用は享保年間（一七一六―三六）までで元文元年（一七三六）には廃止された（『郷政録』鶴岡市郷土資料館文書）。なお、庄内藩は宝永七年（一七一〇）に余目領と同様に丸岡・大山両領も預地とされることを幕府に願出たが聞届けられなかった。

大山領は、庄内藩酒井家の支藩として創設されたが、寛文九年（一六六九）に天領となり、直ちに幕府（長瀞）代官の松平清兵衛の支配となった。前述のように松平家は世襲代官の家柄である。直ちに大山村に出張役所である大山陣屋が設置され、二名の手代が駐在した。延宝三年（一六七五）に松平清兵衛が長瀞代官在職のまま死去したので、子の清三郎が跡を継ぎ、長瀞代官となり大山領も支配した。そして、松平清三郎が元禄二年（一六八九）に関東代官に転出したので、大山領に対する世襲代官松平家の二〇年ほどの支配も終了する。代って長瀞代官となった永田作太夫の支配となり、その後も寛延二年（一七四九）まで幕府代官の支配が続いた。

余目領は、旗本の余目・酒井家の領地として分知されたが、十五年たらずで断絶となり、元禄九年（一六九六）より天領となったが本藩庄内藩酒井家の預地とされた（『余目町史』上巻）。庄内藩では預地となった余目領を支配するために、たとえば余目代官というような専任の預地役人を任命せず、本領の役人が領地の一部のようにして支配したとみられる。なお、大庄屋（大肝煎）は、余目領で独自な大庄屋（大肝煎）を置いていたようである。

宝永七年（一七一〇）に幕府巡見使が来向した際に、余目領村々は惣百姓の名前で庄内藩の預地支配の中止を求めて訴状を提出した。その訴願が効を奏したというわけではないが、幕府は〝正徳の治〟で再び大名預地を廃止する方針をとったことをうけて、正徳三年（一七一三）に庄内藩預地が廃止され、幕府代官の直支配となった。幕府代官の支配は、丸岡領と同様に寛保二年（一七四二）まで続いた。

以上、庄内天領三領について、近世前期を中心に石高や支配について略述した。三領とも十七世紀後半に私領が上知となって天領となったものであった。天領となってからは、余目領の一部が天明元年（一七八一）に松山藩領となったり、続いて一時的に余目領全村と丸岡領の一部が松山藩領となったりしたこともあったが、それらを除けば、大部分の村が二百年間に及んで天領として存在したことになる。そして、幕末の元治元年（一八六四）に庄内藩領に復帰することになった。

その支配については、近世前期には丸岡領や余目領は庄内藩預地となっていた期間が長かったが、大山領は幕府代官の支配ばかりであった（表4を参照）。

四　由利郡天領

最後に、由利郡天領について、その石高の変動と近世前期の支配について述べることにする。

由利郡は関ケ原の戦いの後に最上氏の領地となっていたが、元和八年（一七二二）に最上家が改易となり、代って、宇都宮藩十五万五千石の城主だった本多正純が最上家改易に伴う山形出張中に突如二代将軍徳川秀忠の勘気にふれたとして、由利郡五万五千石を与えられ流刑となったが、正純が強く固辞したため、改めて秋田藩佐竹家に預けられて、大沢一千石を扶持方の分として与えられたのであり、そのため翌元和九年に、他国に移されていた由利郡やその周辺の地に縁りのある諸家が改めて大名・旗本として由利郡に入部したのであった。そのような私領渡しをした残りの分、わずかに一五八石が天領となった。村名は不明であるが郡南の地にあったとみられる（『秋田県史』第二巻）。ところが、寛永五年（一六二八）に仁賀保主馬（塩越藩仁賀保家の分家）が死去して、その遺領七百石が天領になったことに始まり、一〇年ほどの間に由利郡の領主たちが無嗣断絶などのため相次いで断絶して次々に天領に組込まれていったので、寛永十四年（一六三七）には由利郡やその周辺の天領高が一度は一万一八〇〇石余に及んだのであった。しかし、三年後の同十七年に讃岐国高松から生駒高俊が由利郡矢島（現矢島町）に一万石で配流となったのであり、その一万石が由利郡や周辺の天領から引渡されたので、由利郡の天領はわずかに一〇カ村・二千石たらずに減少したのである（『大泉紀年』上巻）。その後、新田開発があって延宝四年（一六七六）には十一カ村、二一〇〇石余になり、さらに正徳四年（一七一四）には二二〇〇石を越えたが、その後は二二〇〇石台で固定した。しかし、天保二年（一八三一）に、由利郡天領の大半一八〇〇石余が矢島領（生駒家）の領地の一部（大沢郷）と交換となったうえ、翌三年には天領となったばかりの大沢郷が、秋田藩下野領（現栃木県）と交換となったので、由利郡天領はわずかに二カ村、高四六〇石余に減じてしまう（拙著『出羽幕領支配の研究』)。その後、元治元年（一八六四）まで狭小の地ながら天領のまま存続するが、同年に庄内天領三領とともに由利郡天領も庄内藩領となった。これにより、元和九年（一六二三）より二四〇年余りも続いた由利郡天領が消滅したのである。

近世前期の由利郡天領の支配については、元和九年（一六二三）より九ヵ年ほどは隣接する塩越藩仁賀保家の預地となっていた。ところが、仁賀保家が寛永八年（一六三一）に無嗣断絶となったことから、翌寛永九年より由利郡天領は改めて庄内藩酒井家の預地になったのである。庄内藩では預地代官などを任命して由利郡天領を預地として支配した。預地代官は初め二名であったが、途中寛永一〇年代から一名に減員され、しかも庄内藩本領代官の兼務となった。預地代官としての歴任者は元禄初年まで九名の代官が知られる。

元禄二年（一六八九）に庄内藩の預地支配が解かれ幕府代官の直支配となった。幕府代官の支配は寛延二年（一七四九）まで続いた。幕府代官の支

表5　由利郡の天領高

年代	天領高	備考
元和 9	石 158.9550	
寛永 5	858.9550	
同　8	7,858.9550	
同　11	10,858.9730	
同　14	11,858.9730	内1,000石山本郡
同　17	1,858.9730	
正保 3	1,858.9750	
延宝 4	2,147.2010	内石 288.2660見取場新田
元禄10	2,149.8200	
正徳 4	2,233.7810	
安永 5	2,288.2500	内石 290.8450改出
天明 8	2,288.2512	
天保 2	460.1208	

（注）『大泉紀年』上巻、『秋田県史資料編』近世下を中心に作成したものである。

配の時にも、由利郡天領のうちには支配役所などは置かれず、庄内側に置かれていた和名川役所や大山役所の取扱いにされたのである。近世前期の由利領は、寛永十七年（一六四〇）以降二千石程度の天領にすぎなかったが、二名ほどの大庄屋（大肝煎）が置かれていたのである。そして、正徳三年（一七一三）の幕府の大庄屋廃止令によって翌四年になって大庄屋が廃止となり、代って定年番名主が置かれたのである。ちなみに大庄屋の一人である大砂川村横山文左衛門が定年番となった。

以上、出羽天領の石高や支配について、郡別に略述してきた。元和八年（一六二二）の最上家の改易により初めて寒河江領二万石が出羽国の最初の天領となった。その後、次第に増加し、五郡を合せると、正保元年（一六四四）には十一万石を超えたし、寛文四年（一六六四）には十五万石を越え、延宝三年（一六七五）にはついに二〇万石を越えた。しかし、その後は少し減少した。ところが、十七世紀末にまた増加に転じ、寛保二年（一七四二）には二二万石を越えた。出羽天領高のピークは明和元年（一七六四）〜同三年のことで、二十九万石余に及んだものと推計される。

近世前期の支配についていえば、村山郡天領の場合は寛永十三年（一六三六）までは大名預地の形をとったが、以後は幕府代官の支配となった。ただし、世襲代官である松平家の支配が中心であった。それに対し、置賜郡、大山領を除く庄内の二郡（田川・飽海両郡）、由利郡はいずれも元禄二年（一六八九）まで大名預地であった。幕府代官の支配は元禄二年以降に行われるようになったのである。幕府代官の支配は各郡とも一七四〇年代まで続いた。

第一章　初代の出羽代官小林十郎左衛門

一　延沢銀山も支配した出羽代官

元和八年（一六二二）以来、村山地方の天領諸領は、寛永八年（一六三一）より一年間ほど庄内藩酒井家の預地となった左沢領を除けば、すべて山形藩鳥居家の預地となってきたが、寛永十三年七月に鳥居家の当主左京亮忠恒が嗣子なく死去したことから、同家は断絶となったので、鳥居家による村山天領の預地支配に終止符が打たれた。代って山形には保科正之が入部するが、この時から村山天領は山形藩の預地とはならなかったのであり、代って幕府は初めて専任の羽州代官を任命し、村山天領の支配を行わせた。それより二年前の寛永十一年に延沢銀山が山形藩鳥居家の領有から幕府の公儀山となっていたので、出羽天領とともに延沢銀山を支配させるべく出羽代官の新設となったものである。以後、村山天領では専任の幕府代官が引続いて任命されることになる。

その初代の羽州代官に就任したのが小林十郎左衛門時喬《ときたか》であった。幕府の編纂した『徳川実紀』（第三篇）には寛永十三年（一六三六）七月二十七日のところに、「最上の地五万五千石、並に延沢銀山の代官を小林十郎左衛門時喬に命ぜらる」と記されている。寛永十三年に小林代官の支配地となったのは村山郡のうち、寒河江領二万石、谷地領一万五千石、尾花沢領二万石の合せて三領五万五千石、そして延沢銀山（現尾花沢市）であった。その後、寛永十五年に白岩八千石も支配地に加えられたので、小林代官の支配高は六万三千石となったのである。

幕府の編纂した『寛政重修諸家譜』（巻一二二四）によれば、旗本小林十郎左衛門の家の始まりは大略次のようである。

小林家の家伝によれば、小林家は足利氏一門の名族である斯波氏の庶流であるが、いつの頃よりか下野国足利郷（現栃木県足利市）のうち小林という所に居住するようになったことから、小林を家名とするようになった。系図のうえでは小林家の初代を小林佐渡峯之とし、二代の小林十郎兵衛重勝が徳川家康に仕えて郡代を務めたという。小林家はおそらく足利地方に居住した土豪で、天正十八年（一五九〇）の徳川氏の関東入国により、間もなく召出されて徳川家康に仕えることになったと推測される。足利周辺にあった徳川氏の蔵入地を預かる代官を務め、関ケ原の戦い後にはそのまま天領の代官（郡代）を務めたものとみられる。参考までに、和泉清司氏によれば、足利周辺が天領となり小林十郎兵衛が代官を務めるのは慶長六年（一六〇一）以降のことといわれる（和泉清司『徳川幕府成立過程の基礎的研究』）。

二代の小林十郎兵衛は慶長十四年（一六〇九）正月十日に死去したが、『徳川実紀』（第一篇）には同日のこととして、「下野国足利の代官十郎兵衛重勝死して、子十郎左衛門時喬つぐ」とあり、子の小林十郎左衛門時喬が跡を継ぎ、小林家の第三代当主となったのである。同時に代官職も引継いだのである。

小林十郎左衛門は代官となった当初、おそらく亡父十郎兵衛の支配地をそのまま引継ぐという形で、足利周辺の天領を支配したものと推測される。ところが、元和四年（一六一八）九月の安房国池之内村（現千葉県安房郡三芳村）の検地は小林十郎左衛門配下の下代（手代）たちによって行われているので（『千葉県史料・中世篇』諸家文書）、十郎左衛門は当時安房国などの代官を務めていた可能性もある。そして、寛永三年（一六二六）より同十三年まで一〇年間伊豆国三島代官（現静岡県三島市）を務めたのである（『静岡県史料』第一輯）。しかも、寛永九年までは引続き足利周辺の代官も務めたようである（和泉清司前掲書）。したがって、十郎左衛門は寛永十三年まですでに二十七年間ほど代官を務めたことになるが、それまでは関東やその周辺にある天領の代官を専ら務めてきたのであった。経験の豊富な古参の代官であったといってよい。

そして、寛永十三年（一六三六）七月頃に羽州代官に転任となったのである。なお、後任の伊豆・三島代官には十郎左衛門の子小林彦五郎重定が就任したのであり、小林家は親子で伊豆と出羽の天領を支配することになったわけである。近世前期に多くみられた世襲代官の場合、右のようなことは割合みられたことであり、小林家も世襲代官の家柄としてみなされていたことがうかがえる。

右のように父子で代官に就任したことと関連するが、『寛政重修諸家譜』（巻一二二四）では、小林十郎左衛門時喬の役職や禄米について簡単に次のように記している。

台徳院殿（徳川秀忠）に仕へたてまつり、御代官をつとめ廩米三百俵をたまふ。寛永十三年八月三日廩米千俵を加へられ、先にたまふところの三百俵を男重定に賜ふ。

おそらく、亡父十郎兵衛の奉禄をそのまま引継いだものであろうが、小林十郎左衛門の廩米（禄米）は長らく三百俵であったのに、羽州代官に就任した直後の寛永十三年（一六三六）八月に廩米千俵を加えられたのである。もっとも、それまで十郎左衛門が賜っていた廩米三百俵は伊豆・三島代官となった子の彦五郎に譲られたのであり、そのため十郎左衛門の実際の廩米は千俵となったのである。

右のような加恩は、小林十郎左衛門が慶長十四年（一六〇九）以来、二十七年間も代官職に精勤してきたことに対する論功行賞というものとも考えられるが、一般的にいえば単に代官を長らく勤めたというだけで、廩米三百俵に千俵も加禄されるということはほとんどなかったと思われ、小林代官の場合は異例のことといえるのではなかろうか。それらを考慮すると、単に出羽天領五、六万石を支配する代官に転任したというだけでなく、延沢銀山も支配する延沢銀山奉行を兼務するということが千俵の加禄になったものと考えられる。当時、延沢銀山は留山になっていたとはいえ、幕府は全国を代表するような優秀な銀山を留山のままに放置するつもりはなく、折をみて銀山を再開する方針であったことは疑問の余地のないところであった。小林十郎左衛門の在任時代に延沢銀山が再開されることは既定のことであったといえる。その点から、小林十郎左衛門は村山天領五万五千石を支配する出羽代官に転任したというよりも、主として延沢銀山の奉行に就任するということではなかったかと思われるし、延沢銀山奉行と羽州代官の兼務であれば廩米千俵でも特に問題がなく、納得のできる範囲以内といえる。

羽州代官となって初年目の寛永十三年（一六三六）は、上山藩の藩主交代に伴う領地引渡しに立会う幕府の上使たちに同行して、小林代官は九月頃に支配地に赴いたとみられる。この年は谷地（現河北町）の浅黄次郎右衛門方に滞在したといわれるので（『谷地町志』上巻）、最初の年は浅黄次郎右衛門屋敷のうちに仮陣屋を置いたのである。浅黄家は名主などを勤める谷地の有力者であったと推測される。同家を仮陣屋にすると、早速小林代官は代官検見のため支配地村々を初めて廻村したものとみられる。

その廻村が終ってのことと思えるが、同年十月に五カ条の掟書を村々に布達した。支配地村々では年貢納入のための準備の時期にあたり、そのため年貢納入のことが中心となっている。第一条では、年貢通知書に相当する年貢割付状の指示通りの期限以内に年貢米を皆済することを命じている。当時の年貢米の皆済期限は十二月十日となっていたのである。第二条では、年貢米を村の郷蔵に納入する場合に、代官配下の手代など代官所役人が不正などのないようにと監督として立会うが、その際には役人たちが弁当などを持参することを命じている。万一未進などのあった村に出張する場合は村方で昼食などを準備することも命じている。弁当の持参は、村方にいらざる負担を課さないと同時に、代官所役人の公平さを保つためでもある。ただ、期限を守れなかった村にはペナルティーを課すという趣旨でもあった。第三条は、御用のため代官役所から出される廻状については、御用の廻状は昼夜などの時刻や、風雨などの悪天候を論ぜず、時間を置かず順達することを命じている。第四条では、村々が手代など代官所役人に対し、歳暮や年礼として音信物を贈ることを禁止したものである。音信物を受ければ、情実がからむことになり、年貢を決める場合に手心を加えたりすることになるのを警戒したものである。第五条では、御用のため手代など代官所役人が廻村した時などに、村々で人馬をスムーズに提供することを命じたものである。同時に無理な人馬の徴発を禁じている。提供された人馬の賃銭などは後日に支払われたはずである。

年貢諸役を代官役所の指示どうりに納入させることを主眼にして、代官所役人にも村々にも公正さを求めていると考える。特に手代などの代官所役人には職務を公正に遂行することを命じるとともに、みだりに百姓の負担の増すことのないように注意している。代官の職務の第一が年貢徴収のことにあったというばかりでなく、年貢納入を前にした時期にあったので、年貢に関したことが中心となったものとみられる。

以上のような内容の五カ条の掟書であるが、後年の代官たちが布達した同種の申渡しなどに比べて、きわめて簡略なものであったといえる。新しい支配地に取急ぎ布達したもので、別に追加の掟書などもあったことも考えられるが、それにしても簡単なものであったという印象は否めない。

小林代官は初めての冬を谷地の仮陣屋で越し、翌寛永十四年三月に江戸に戻った。同年の秋に支配地に下向した際には、今度は尾花沢村の名主沼沢藤左衛門方に滞在したというので（「最上記」）、この年は藤左衛門宅に仮陣屋を置いたとみられる。寒河江・楯南村には山形藩鳥居家の預地時代からの陣屋があったわけであり、延沢銀山にも鳥居家時代からの役所があったはずであるが、小林代官はこれらの陣屋を避けて、当初の二年ほどを谷地や尾花沢の名主などの有力者宅に仮陣屋を置いたのであった。その間、正式の代官所（本陣屋）は置かれなかったわけであるが、それでも三年目頃には正式の代官所が設置されたと考えるべきである。その場所については諸説があるが、大別すると寒河江（楯南村）とするものと延沢銀山とするものの二つになる。たとえば豊田武編『東北の歴史』中巻では、寛永十三年（一六三六）に寒河江代官所が設置されたとするし、『山形県史』（第二巻）では、陣屋は延沢にあったとしている。なお、『山形市史』（中巻）では、延沢銀山経営を重視して尾花沢に陣屋を構えたとする。このような場合の「陣屋」とは本陣屋である代官所のことを指しているものと判断される。

ところで、山形藩主であった保科家（後の会津藩松平家）の『家政実紀』や『徳川実紀』（第三篇）では、支配に入ったばかりの寛永十五年（一六三八）に白岩領で再発した白岩騒動に関連して、小林代官のことを「延沢の代官」と記している。寛永十二年に留山となっていた延沢銀山であるが、幕府としてはそのまま放置するつもりはなく、いずれ数年して再開する心積りであり、そのため大幅な加禄のうえで小林代官を羽州代官に転任させたほどであったと判断される。それに、地元の延沢銀山には引続き多くの地役人も勤務していたわけである。最盛期には二万人ほどの人口があったと推定されているが、留山となって人口が減少したとはいえ、小林代官の支配地の中ではぬきんでて人口が多かったとみられる。それらを勘案すると、やはり延沢銀山に本陣屋（代官所）が置かれたものと推測できる。場所が延沢銀山であれ、寒河江・

楯南村であれ、それまでの陣屋では手狭であったとみられ、おそらく正式の代官所を置くことを決定すると、新しい陣屋が建築されたものとみられる。

「最上記」では、小林代官配下の手代として次の十五名の名前をあげている。

熊田九兵衛　飯田仁左衛門　梅沢太郎兵衛
熊田新九郎　田岐七右衛門　川崎八左衛門
中村六兵衛　平沢四郎右衛門　早川伝右衛門
伊藤次郎兵衛　大塚喜兵衛　本田庄左衛門
斎藤小左衛門　川岸三右衛門　立川三之丞

「最上盛衰実録」(『西川町史編集資料』第三号(二)所収)でも、ほぼ同じ名前の十五名の手代をあげている。手代のほかに、書役、侍、足軽、中間などもいた。また延沢銀山には銀山関係の地役人が多数いたはずである。

代官配下の手代は通例、半数程度が江戸役所に勤務し、残り半数程度の国元の代官所・出張陣屋に駐在していたようであるので、小林代官の場合、十五名が手代全員のこととすれば、出羽には七、八名が駐在したにすぎないことになるが、代官役所が延沢銀山、寒河江のほかに谷地や白岩村にもあったともみられるので、それではあまりに少ないように思われる。十五名は出羽の諸役所に駐在する手代だけで、ほぼ同数の手代が江戸役所に勤務していたとすれば納得できるように思える。

ところで、「最上記」では、別に小林代官の時に寒河江役所に駐在していた手代の名前を次のようにあげている。

飯田仁右（左）衛門　平沢四郎右衛門　大塚太（喜）兵衛
川岸八（三）右衛門　梅沢太郎兵衛　伊藤治（次）郎兵衛

名前に若干の異同があるものの、前掲の十五名の手代のうちの六名とみてよいであろう。

出羽天領の諸役所に十五名の手代が分散して駐在しているなかで、そのうち六名の手代が同時に寒河江役所に駐在していたとすれば、手代の数からいって寒河江役所こそ小林代官の支配の中心であったといえそうである。しかし、おそらくは小林代官が在職した六カ年の間に寒河江役所に勤務した手代をすべてあげたもので、右の六名が同時に同役所に駐在したのではないと考えられる。一応二、三年程度で交代したとみれば、寒河江役所に常時二、三名の手代が駐在し勤務に就いていたといえるのではなかろうか。右の六名のうち、寛永十八年（一六四一）頃に、平沢四郎右衛門が寒河江役所に勤務しており、同人が中心となって同年に寒河江領村々で水帳改めを行ったのである（「最上記」）。

二　新代官に対する期待と幻滅

小林代官の支配となった寒河江領十八才村（現大江町）の神人の与助という者が、寛永十四年（一六三七）五月に村内の熊野神社にそれまで所務してきたという社領六石を引続き朱印地として認められるように小林代官に歎願していた（『大江町史編纂資料』第一号）。湯殿山に所属する大井沢村（現西川町）大日寺も灯明田として寒河江領吉川村（同前）のうちで高二石二斗五升の田地を朱印地として認められることを幕府に訴願したというが（『編年西山郡史』巻之三）、これも小林代官を介して出願したものではなかろうか。このように小林代官の支配となって、天領村々で朱印状の交付を求める動きが相次いだものと思われるが、あるいは幕府の方で小林代官に指示して、朱印地の再確認を行ったということも考えられる。

寛永十四年（一六三七）という年は「最上飢饉」（『家政実紀』）と特記されているように、大雨から大洪水となったようで、その結果村山地方は大凶作になったものである。同年秋の検見では、小林代官も相応に水押引きや検見すたりなどを行ったのであり、村々ではかなり年貢が減免となったと推測される。

ところで、寛永十五年（一六三八）三月に、村山郡白岩領八千石の領主酒井長門守忠重（庄内藩主酒井忠勝の弟）は苛政から領民による幕府への越訴が行われ、幕府評定所で審理された結果、領民たちも処罰されるとともに、領主酒井忠重も領地没収となったので、白岩領は上知となり天領に編入されたのであり、小林代官の支配となった。支配高は六万三千石となった。ちなみに領地没収となった酒井忠重には代って廩米八千俵が与えられたので、その身分や待遇にほとんど変化はなかったのである（『西川町史』上巻）。

小林代官の支配となったので、領地引渡しには小林代官も立会ったものとみられる。間もなく三月中に小林代官は白岩村（現寒河江市）の御林五カ所の御立林を改めている（『寒河江市史編纂叢書』第二七集）。

月日から考えて、改めを行ったのは小林代官自身ではなく、白岩陣屋付きとなった手代によるものであろう。この改めに際し、最上義光より前領主酒井忠重まで私領時代の数十年に及んで白岩村の山守を務め、そのうえ酒井忠重の時には白岩領惣山奉行役として苗字帯刀御免となっていた同村の長左衛門なる者について、小林代官は苗字帯刀の特権を奪い、もとの山守改の役に戻したのである。小林代官が旧領主時代の制度・慣行を改めた数少ない事例の一つである。この時の御林改めは、何か白岩村と隣村の間に争論があって急ぎ白岩村だけに行われたものであろう。支配が交代した直後に白岩領全体で御林などの改めを実施しようとしたとは思われないからである。

小林代官の方で白岩村の御林改めを行っている間に、白岩領村々では前領主酒井忠重の時と同じように、再び領民による一揆の気運が急速に高まりつつあったのである。前領主酒井忠重の苛政のもとで村々は疲弊の極にあったうえ、特に寛永十四年（一六三七）秋は大洪水による大凶作だったこともあり、小林代官の支配となった翌十五年三月頃には領民の多くが夫食（食料）に事欠く状態になっていたものであろう。それだけに、支配が変わり、幕府の直轄地となって新代官による速やかな救済や施政の刷新に期待するところが大きかったはずである。領民たちは小林代官の支配になると早速に役所にあて夫食拝借や速やかな救済を歎願したことであろう。

しかし、どうやら小林代官がそのような白岩領領民の窮状を救うために有効な対策を積極的に講じようとした形跡は見受けられないようである。小林代官の資質というよりも、この頃は未だ代官の重要な職務として支配地の領民の生活を安ずるということが明確に把握されていなかったこともあろう。少なくとも、まだ領内村々がしきりに役所に歎願を繰返していた時点で夫食米の貸与など小林代官の方で迅速に対応していれば、大きな騒動にはならなかったはずである。そのような対応が取られなかったことから、領民の動きが一揆的な様相を呈するようになるのは時間の問題であり、六月には白岩領で第二次白岩騒動といわれるような一揆が再燃した。幕府や小林代官に対する期待が大きかっただけに、その失望もまた大きかったのであり、裏切られた思いの領民たちは小林代官や配下の手代たちの威嚇や説得に応じて鎮静化することは望むべくもなかった。やむをえず小林代官は騒動の勃発を幕府に報告したのであり、報告を受けた幕府は小林代官に取鎮めを命じたが、ほとんど軍事力をもたない小林代官にはもはや手に及びかねる状態になっていて、隣藩の山形藩保科家の力を借りざるをえなくなったのである。依頼を受けた保科正之らの計略により、指導的な百姓三十数名が召捕えられ、直ちに磔刑に処され、騒動は鎮静させられたのであった（『家政実紀』）。騒動が鎮静すると直ちに、小林代官は夫食の貸与を行ったことであろう。

白岩領村々は、単に夫食米の拝借を歎願していたばかりでなく、検地の実施も歎願していたのである。これは、より根本的な問題であり、困窮の第一の原因となっているものである。村山地方は最上氏の支配の時より実際の田地の広さや生産高に比べてあまりに過大に見積られている石高・村高を押付けられていて、その引下げが必要であることから、是正を行うための施策ということで小林代官に検地を歎願したものであった。しかし、幕府や小林代官は、支配地のうち白岩領だけに実施することはできないと村々の要求に応じようとしなかったのである（渡辺為夫『寛永白岩一揆』）。それでも、第二次白岩騒動が鎮静化させられた後の寛永十七年（一六四〇）に小林代官の支配地のうち白岩領村々ばかりを対象として、「立下」という形式でようやく永引の措置が行われた。事実上の石高・村高の引下げになったのである。当然年貢の引下げともなった。

百姓一揆といえば、寛永十四年（一六三七）十月に九州西部に起った天草・島原の一揆はようやく翌十五年二月に鎮定されたが、その後、キリシタンなどの摘発のため寛永十七年に幕府は宗門改めを実施したはずであるが、『谷地町志』（上巻）でも、出羽天領において宗門改め実施の可能性を述べている。小林代官の手で村山天領で宗門改めが行われたものかと思われる。

さて、寛永十一年（一六三四）に延沢銀山は山形藩鳥居家より幕府に所管が移され、公儀山となった。延沢銀山は慶長年間（一五九六―一六一五）頃に開発が始まったとみられ、その頃から寛永年間（一六二四―一六四四）にかけてが最盛期といわれるが、その頃の延沢銀山は国内でも一、二の採銀高を誇る銀山であったが、鳥居家の希望もあって幕府の公儀山になったのであるといわれる（『尾花沢風土記』）。この決定に当っては、幕府の勘定頭伊丹播磨守康勝が検分に延沢銀山に出張し、収公後は同人の家臣黒沢八右衛門という者が延沢銀山に駐在し、山中惣横目という役に就いて監督に当った。同時に、山形藩鳥居家からも従来通り銀山改奉行が任命されて銀山に駐在したのである。

ところが、寛永十一年に公儀山となったばかりなのに翌十二年には早くも延沢銀山は留山とされ、銀の採掘が全面的に禁止された。幕府の直山として延沢銀山が運営されることは、天領村々などに急激な弊害をもたらした。すなわち、延沢銀山の繁栄は、単に周辺の地域だけにとどまらず、広範囲で農民の延沢銀山への出稼ぎなどを増加させたのである。たとえば「野辺沢御銀山大盛記」(『尾花沢市史資料』第十輯所収)でも、銀山の再開とともに木炭の需要が増大したので、炭釜が多数作られたが、その炭釜に働く日雇人足が地元や周辺農村では確保できず庄内や仙北(現秋田県)より雇入れたという。そして盛時には一カ月に炭一万俵以上も必要とされたというのである。そのため、銀山の周辺村々を中心に、農民が不足し、植付けのできない手余りの田地が多く出るなど農業生産に重大な影響が出ていたとみられる。また山林の伐採なども著しかったことであろう。延沢銀山には出稼ぎ農民をはじめいろいろな思惑の人々がどんどん入り込んだことから、最盛期には人口二万人ほどにはのぼっていたものと推測されている(『尾花沢風土記』)。そんな時に突然留山となったわけである。山師をはじめ、商人その他の住人、そして出稼ぎ農民まで延沢銀山の関係者たちは仰天したことであろう。多くの人々は明日からの暮しに困ったはずである。

留山となって、一転して人口は急減したことであろうが、小林代官の時には支配地の中では延沢銀山の人口が引続いて突出していたものとみられる。生計に行きづまる住民が多く、盗掘などの恐れもあり、留山であるものの、小林代官もかえってその取締りに苦慮したことも考えられる。

留山となって、当てがはずれたのは第一に銀山の山師たちであったことはいうまでもない。留山となると、一日も早い再開を求めて小林代官の方にも何度となく歎願をしたのであったが、延沢銀山の留山の件は一介の奉行や代官の権限でどうこうできることではないと気付いた山師たちは、寛永十四年（一六三七）より代表の者を江戸に登らせて、幕府に直接銀山再開の件を歎願する運動を始めたのであった。幕府としても、いろいろ弊害を伴ったとはいえ、国内でも一、二を争うような優秀な銀山をそのままに放置するつもりは毛頭なかったのであり、再開の時機をさぐっていたものであろう。そこに山師たちの粘り強い訴願運動があったことで、留山となって五年過ぎた寛永十七年（一六四〇）になり銀山の再開を日程にのぼらせたのである。すなわち、同年九月に延沢銀山を管轄している小林代官に命じて同銀山の検分を行わせたのである。幕府編纂の『徳川実紀』（第三篇）にも、同年九月十五日のこととして、「代官小林十郎左衛門時喬は野辺沢銀山査検の事を面命せらる」とある。文中に「面命」とあるので、三代将軍徳川家光から直接、延沢銀山を検分して報告することを命じられたものと解される。江戸時代前期の代官は、検地、灌漑、治水工事、そして鉱山開発にすぐれた技術をもつ地方巧者であったといわれる（村上直『江戸時代の代官群像』）。小林代官も、前任の地が金山のあった伊豆であったうえ、出羽代官に任命されたことも考慮すると、それなりに鉱山関係の技術の持主であったと推測されるが、当然部下にも優れた技術者がいたことであろう。ともかく、小林代官は九月といえばすでに検見などの御用のため出羽の支配地に赴いていたはずであるが、急遽江戸に呼び戻され、急ぎ江戸城に登城し家光に拝謁し、先のことを命じられたものと推測される。

次いで、急ぎ出羽に戻った小林代官は延沢銀山の検分を行ったわけであるが、おそらく、それほど問題もなく銀山の採掘を再開することは可能であるといった趣旨の検分報告書を幕府に提出したことであろう。それあらぬか、その検分報告書を承けて、早速幕府は翌十月に翌寛永十八年（一六四一）四月をもって延沢銀山を再開することを決定したのである（『尾花沢市史資料』第十輯）。六年に及ぶ留山により、各鉱道とも実際には水びたしの状態となっていたのであり、その水抜き作業に結構手間取ったのであったが（「野辺山御銀山大盛記」）、水抜き後の採銀の成績はしばし順調であったのである。

採掘された銀は幕府に直接納入するために江戸に送られた。そのためもあり、手廻し良く、すでに寛永十三年（一六三六）から尾花沢領二万石の一村として、最上川の重要な河港である大石田村の一部（後の大石田・四日市村）が小林代官の支配地となっていたのである（『大石田町史』上巻）。尾花沢領の上知に当たり、幕府はすでに延沢銀山の再開のことを念頭に置いて、大石田村の一部を天領に含めることにしたとも推測することができる。

幕府に直接納められる銀とは別に、寛永十八年（一六四一）、十九年の両年の諸物資にかかる役銀は小林代官の方に納入された。銀山が再開されると、直接銀山経営に必要とされる資材はもちろん、銀山に直接間接に関わって生活する大勢の住民の生活資料に莫大な物資が必要とされたが、狭い延沢銀山の地域内ではほとんど供給することができず、銀山の外で調達して搬入する必要があったが、これらの物資の調達は幕府の行う入札によって山師や商人が請負ったのである。その入札によって決められた運上金が役銀ということで小林代官の方に納められたのである。もちろん、改めて小林代官から幕府に上納されたことは言うまでもない。

請負の中心は「銀山拾弐色御役」（十二色大役）であった。幕府は銀山再開に当たり、その入札募集を行ったところ、諸国から多くの応募があったが、結局、地元の土屋作之丞やその仲間が、寛永十八年（一六四一）春から正保二年までの五カ年の分を四万八千両で請負ったのである（横山昭男『尾花沢市史の研究』）。再開される延沢銀山に対する期待がどんなに大きかったかがその金額の厖大さからもうかがえよう。この十二色大役のほかにも商人などの請負となって運上金が納入されることになる「諸役」があった。莫大な銀と右のような多額な役銀をもたらした延沢銀山再開の件は単に管轄しているばかりでなく、再開の検分を行ったということにより、小林代官の功績の第一に挙げられることになったものと考えられる。

しかし、延沢銀山の再開は、再び出羽の村々からの出稼ぎ者の急増を招来したのであり、農業生産に深刻な影響を与えることになった。延沢銀山再開のちょうど一年前の寛永十七年（一六四〇）四月ですら、米沢藩では延沢銀山などへの出稼ぎを押えるべく「延沢銀山へ参者之御法度御代官へ書渡」（『山形県史（旧版）』巻二）という申渡を行っていたし、谷地新町村（現河北町）では、寛永十九年（一六四二）二月付で、村民たちが連判のうえで名主高橋彦右衛門に対し誓約の一札を提出したが、出稼ぎなどで田地を荒したりすることのない旨を誓約したのである（『谷地町志』上巻）。この場合も延沢銀山への出稼ぎが大きな問題になっていたことはもちろんであり、そのための対策であった。しかし、延沢銀山が本格的に再開されると、右のような一片の布達や誓約書で出稼ぎ者を制限したり、手余地をなくしたりすることはできなかったとみられ、特に周辺や天領の村々では農業生産への影響が甚大なものになったものと考えられる。

三 「水帳改め」の実施と性格

小林代官は寛永十三年（一六三六）に羽州代官に就任したが、慶長十四年（一六〇九）以来すでに二十七年間も代官を務めてきていたので、豊富な経験に裏付けられて、代官職に大いに自信をもっていたはずである。ただ、それまでの支配地が下野、伊豆など関東やその周辺地域に限られていたのに比べ、出羽国は遠く離れた雪国であり若干の不満や不安があったかとも思われるが、その持っている検地、治水、水利、特に鉱山技術などの地方巧者としての手腕を買われての転任ということであれば、不安・不満どころではなく、むしろ小林家の支配地が伊豆国ばかりか、出羽国まで拡大したことを素直に喜ぶ気持ちの方が強かったのかもしれない。

それでも、二十七年に及ぶ長い経験と、すでに老齢になっていたとみられる年齢から考えると、これまでの技術や経験を基本とするとともに、前領主が行ってきた制度・慣行を大枠で受継ぐことを治政の方針とし、新しい制度の導入や仕法替などには消極的な姿勢を保ったものと推測される。事実、小林代官が村山天領で行った六カ年の治政を検討すると、そのような傾向が強く感じられるようである。

小林代官の後任松平清左衛門代官の時の正保四年（一六四七）に作成された「谷地代々定引ノ次第」（『谷地町志』上巻所収）という史料は、谷地新町村（現河北町）の村高が過大に決められていたことから、その実質的な減少の措置である「定引」の経過について書上げたものであるが、それによれば、小林代官の時には独自に「定引」は行わなかったものの、小林代官は山形藩鳥居家の預地時代までに行われてきた「定引」についてはそのまま承認したと記している。つまり、小林代官は進んで追加の定引を行ったり、あるいはそれまでの定引の分を見直すということはしないで、前代に行われてきたものをそのまま引継いだのである。

寛永十八年（一六四一）四月に寒河江領村々に実施されたとみられる水帳改めで一斉に新しい水帳が作成された。百姓ごとに一括して所持する田、畑、屋敷を一筆ごとに記す名寄帳の形式となっている。田方では一筆ごとに苅束、高、定引、取米を記し、畑や屋敷はその広さを永で示し、それに高、取米が付けられており、最後に田、畑、屋敷をすべて合せた草高が示されている（『山形県史資料篇』所収）。これは最上氏時代の土地制度・水帳形式であり、鳥居家預地の時にも近世的検地が実施されなかったので、小林代官の支配に当って最上氏時代の土地制度・水帳形式に出会ったのであったが、小林代官はそれを改めずそのまま踏襲したのである。小林代官は以前元和四年（一六一八）に安房国の検地を行っており、それだけに最上氏時代以来の土地制度・水帳形式の古さを十分に認識していたはずである。しかも、寒河江領の水帳改めでは、「出目」などの形での改出しを行った形跡は全くうかがえず、村方で作成し提出した水帳を、寒河江役所では形式的に改めただけの差出検地で、そのまま承認したと判断される。そもそも水帳改めの時期が収穫期でなく初夏の四月であることからみて、歩刈により実際の収量を調査し、苅束をはじめ高、取米らを見直すなどということは全く考慮されていなかったのである。せいぜい田植えの時期を選ぶことで、植付けていない手余地の有無の確認、および隠田の摘発などをめざしたものといえそうである。

したがって、この水帳改めも積極的な狙いをもったものではなかったと判断される。新たな定引や「立下」もなく、まして、「徴税の基本をなす検地について適正を期した」（『河北町の歴史』上巻）ものとは到底見なすことのできない内容であったといえる。もともと本格的な検地は一介の代官の手に余るものであり、幕府の承認や支援が不可欠であるが、それでも小林代官より何らかの施策があってもよいのではなかろうか。おそらく、第二次白岩騒動後でもあり、「出目」などによる増租を行って支配地村々の反発を引き起こしてはと、現状を追認するだけの改めに留めたものと判断される。

白岩村（現寒河江市）の寛永十九年（一六四二）の年貢割付状（『寒河江市史編纂叢書』第三五集所収）は松平清左衛門代官の発給であるが、そこには次のような二種の「立下」がみられる。

三百四拾五石九斗九升弐合　辰之立下

（内）千三百四拾七石七斗三升　午之検見拾《（捨）》立下ル

この場合の辰年は寛永十七辰年のこと、午年は寛永十九午年のことである。両年に「立下」があったものである。

白岩領では、最上氏時代に重臣白岩備前守が知行した時に、本来五、六十刈しかない田地を百刈とするなど、実際の田地の広さやその生産高に比べ、はるかに広い田地として過大な高を付すというように、かなり強引な増高操作が行われてきた。なお、稲の苅束百（束）刈を大体一反歩とみなすという慣行が出羽国では広く行われていたのである。しかも、次の酒井忠重の領有の時にもさらに増高操作が行われたことにより、結局、二度の増高が加わったので、本来の村高に比べて、大幅に水増しされた「村高」とされていたのである。たとえば、白岩本郷（白岩村）の場合は、

一高千七百五拾石壱斗八合　本高　（最上）源五郎様まで
一高千五拾石六升六合　六わりの増高　（白岩）備前守様御代
一高弐百五拾七石四斗弐升壱合　九分の増高　（酒井）長門守様御代
　合三千五拾七石五斗九升五合
（渡辺為夫『寛永白岩一揆』）

というように、本高一七五〇石余に対し、白岩備前守の時に一〇五〇石余の増高、酒井忠重の時に二五七石余の増高があって、小林代官の支配の時には村高が三〇五七石余まで増加していたのである。七〇パーセント以上の増高となる。

右のような増高操作は、白岩領だけのことではなく、最上氏時代の村山地方の諸領で多かれ少なかれ行われていたようである。その後、山形藩鳥居家となって、領地には元和検地が行われ、検地が行われなかった預地村々に対しては「定引」の措置が行われて、増高を実質的に減ずるような対応がなされたのである。ところが、最上氏から酒井忠重の領有となった白岩領では検地や「定引」が実施されるどころか、かえって追加の増高が行われたことから、本来の高と増高された村高との乖離が著しくなったのである。

白岩領主だった酒井忠重の個人的な性癖から生じた悪政がなかったとしても、このような増高が放置されるかぎり、白岩領の百姓たちが困窮し、村々が疲弊するのは必然のことであった。そのため白岩領村々では、小林代官の支配に入ると早速に、増高の解消のために小林代官に検地の実施を歎願したし、代表の者を出府させ幕府に直接訴状を提出したりしたが、白岩領ばかりに検地を実施することはできないと、聞届けられなかったのである。

それでも、第二次白岩騒動の鎮静後、幕府も小林代官もそのまま増高を放置しておくことはできないと判断したのであり、寛永十七年（一六四〇）に村々で「立下」の措置を行ったのである。「立下」とは、村高の一部を恒常的に年貢賦課の対象から除外するもので、「定引」と内容的には同じ措置である。先に記した白岩村で同年に行われた三四五石余の「立下」もこの一環として行われたものである。それにしても、白岩村の増高が一三〇七石余に及んでいたのに、「立下」とされたのは三四五石余にすぎず、救済の措置としてははなはだ不十分であったことは明らかである。しかも、白岩村は「立下」が多かった方で、他の村々の「立下」ははるかに少なかったのである（渡辺為夫『寛永白岩一揆』）。白岩領村々の困窮の最大原因は基本的にほとんど解消されていなかったのである。

そのため、代官が交代した寛永十九年（一六四二）の年に早速、後任の代官松平清左衛門により追加の「立下」が実施されたのであった。ちなみに白岩村の「午の立下」（寛永十七年）、「辰の立下」（寛永十九年）という二種の「立下」はともに寛文十二年（一六七二）まで継続されたが、翌寛文十三年の松平清兵衛代官（清左衛門の子）の検地により二種の「立下」は以後の年貢割付状より消えることになる。しかし、幕府勘定所の基本方針で白岩領八千石という高を減じないようにということから実際には二千三百石の不足高が生じたが、村高を減ずることをせず、不足高の分を「定引」と処理するやり方がとられたとみられる。

以上のように、小林代官は、支配地村々の増高についても、それに対する「定引」についても、前領主以来のやり方をそのまま引継いだのであり、そこには何らの主導的な方策は見出せないのであり、きわめて旧慣維持的である。白岩領村々の窮状を目の当たりにしても進んで救済策を講じようとする姿勢はみられなかったのである。

右のような基本的姿勢は、初めの寒河江、谷地、尾花沢の三領村々に対しては、年貢・諸役の新たな負担がないということで消極的な意味で支持されたといえようが、前領主酒井忠重の苛政に苦しみ、救済を期待した白岩領では期待を裏切られることになって再発という形で一揆が起ることになったと判断される。小林代官個人の問題というよりも、もともと近世前期の代官は年貢請負人的な性格が強く、職務として百姓たちを撫育するという視点が微弱であったものであろう（村上直「江戸幕府代官の民政に関する一考察」『徳川林政史研究所研究紀要』所収）。

参考までに、小林代官の時に、村山天領の年貢米は次のように処置されたと考えられる。延沢銀山は寛永十二年（一六三五）より留山となっていたが、同地は引続き多数の人口を擁したことから、地元の尾花沢領二万石の年貢米は延沢銀山に向けられたとみられる。白岩領の年貢米は廩米八千俵となった前領主酒井忠重に引渡されたと推測したい。そして、寒河江・谷地両領の年貢米はしばしば佐渡金山に送られたのである（「正覚寺文書」『寒河江市史編纂叢書』復刻第十三集所収）。延沢銀山や佐渡金山に向けられた年貢米は鉱山関係者や一般住民に販売され、その代金が小林代官を通じて幕府に上納されたと推測される。

延沢銀山が再開されると、同地の人口が再び急増したと思われることから、白岩領の年貢米はともかく、他の三領の年貢米はほとんど延沢銀山に送られることになったとみられ、佐渡廻米はみられなくなる。

四　小林代官の罷免

寛永十三年（一六三六）七月頃より六カ年ほど羽州代官として村山天領および延沢銀山を支配してきた小林代官であったが、突如代官職を罷免されることになった。『寛政重修諸家譜』（巻一二二四）には、小林代官については「故ありて御勘気かうぶり」と記されているばかりであるが、嫡子の小林彦五郎重定のところで、やや詳しく述べている。

（寛永）十九年六月二十二日重定私曲のはからひありと訴へ出るものありしかば、糺明せらるゝのうち大久保加賀守忠職に預けられ、閏九月二十九日穿鑿を遂られしうへ、中川内膳正久盛にめし預けらる。

小林代官に代って寛永十三年（一六三六）より伊豆代官を務めていた子の彦五郎であったが、寛永十九年六月に代官として私曲の取扱いがされていると訴えられて取調べが行われ、結局不正があったと判定されて代官を罷免され、同年閏九月に九州豊後・岡藩（現大分県竹田市）の中川家に預けられたのである。

この事件に連坐して、父の小林代官も羽州代官の職を奪われたのであった。後任の羽州代官には松平清左衛門が、同じく伊豆代官には伊奈兵蔵が任命された。これにより、三代続いた小林家の世襲代官の地位も終焉となったのである。

羽州代官を罷免された後の小林十郎左衛門であるが、『寛政重修諸家譜』には簡単に「慶安元年六月三日赦免あり、後旧のごとく廩米をたまふ。明暦元年正月二十日死す」と記されている。

代官を罷免され廩米も没収されて自邸に蟄居していたとみられるが、十郎左衛門は六年後の慶安元年（一六四八）六月三日に赦され、間もなく廩米千俵も復活した。なお、子の彦五郎はさらに三年後の慶安四年十月に赦され、廩米三百俵も与えられることになった。これらから考えると、彦五郎の不正は、それほど重罪ではなかったものと推測される。それでも、父子とも代官職に復帰することはなかったし、子孫も主に書院番に勤仕したのであり、代官職に就くものは出なかったと推測される。

そして小林十郎左衛門は明暦元年（一六五五）正月二十日に死去したのである。何歳であったかは明らかでない。したがって生年も不明である。

父の十郎兵衛が死去して、慶長十四年（一六〇九）に就任して以来、寛永十九年（一六四二）に罷免されるまで、丸三十三年間代官を務めたのであったが、一体何歳頃に代官となったものであろうか。父のもとで代官見習ということであれば十代後半〜二十代前半という可能性もあろうが、独立の代官ということであれば、いかに世襲代官ということでも少し早いように思える。二十五歳〜三十五歳程度であれば代官に就任しても特に変ではなかろう。その仮定とすれば三十三年経った寛永十九年（一六四二）の時点で五十八歳〜六十八歳程度であり、死去した明暦元年（一六五五）には七十一歳〜八十一歳程度となる。『寛政重修諸家譜』により父の十郎兵衛、本人の十郎左衛門、子の彦五郎という三代の没年を比べると、父十郎兵衛との間は四十六年もの間があるのに、子の彦五郎との間はわずか三年の差である。このことから、十郎左衛門はかなり長命であったことが推測される。その点からいえば、享年が八十歳以上になっていた可能性が大きいのではなかろうか。

そうすると、代官になった時が三十五歳位、羽州代官に就任した寛永十三年で六十二歳位、代官を罷免された時が六十八歳位、死去した明暦元年が八十一歳位という推定が結構実際に近いものでなかったかと思えるのである。

初代の羽州代官として小林十郎左衛門は出羽天領支配の基礎を築くという役割を担っていたはずである。しかし、その支配の期間が六カ年とあまり長くなかったこともあり、それに何よりも十郎左衛門が前代の支配を基本的に引継ぐというような旧慣墨守的な治政を事としたこともあって、結果として出羽天領支配の基礎を築く仕事はほとんど果せずに終わったと考えられ、その仕事は次の松平清左衛門代官に引継がれることになったのである。六カ年の羽州代官の在職中のこととして、小林十郎左衛門の功績として進んで挙げることができるのは、延沢銀山の再開と成功ということが唯一のことであったといえる。

第二章　世襲代官松平家三代

一　代官松平家の出自

近世前期に清左衛門、清兵衛、清三郎の三代五十年近くにわたり出羽代官を勤めた松平（念誓）家は徳川氏の一族であるいわゆる十八松平のうち長沢松平の庶流である。

『寛政重修諸家譜』（巻第四十一）によれば、長沢松平家の四代兵庫頭勝宗の二男右馬允が分家したことに始まったとする。ただ、この右馬允が本家の九代源七郎康直に仕えたとも記していることから、右の家譜には疑問の点もあるが、今はそれによって記述を進めることにしたい。

分家した右馬允の子が清四郎親常であり、清四郎に四人の男子があって、そのうち二男が清蔵親宅《ちかいえ》であるが、この人こそ松平家で代官を勤めた最初の人である。近世前期の世襲代官である松平（念誓）家は親宅に始まり、以後四代七人が代官を務めたのであった。

松平清蔵親宅は永禄六年（一五六三）から徳川家康に仕えて代官を勤めたのである。その後、元亀元年（一五七〇）になり岡崎城主となった信康（家康の長男）に付属させられたのであり、そのため代官の職を離れたようである。そして、天正三年（一五七五）に仕えを辞して蟄居したうえ、同七年に織田信長の命令で自刃させられた信康のことに悲歎し、入道して念誓と号したのであった。

ところが、間もなく再び家康に仕えることになった。そして、家康に命じられて岡崎の近郊土呂郷（現岡崎市）に屋敷を賜わって茶を製し年々家康に献じたとする。知行を賜わることを固辞したかわりに、天正十二年に酒造のことを願い出て聞き届けられ、諸役免許とされた。以後、家業として営んだものである。念誓（親宅）は天正十四年に代官職に復帰したが、同十八年の徳川氏の関東移封に際しては関東に従わず、そのまま岡崎に留まったので、念誓（親宅）はまた代官職を離れたことになる。土呂郷で引続き製茶や酒造を家業として営んだのであろう。

関ケ原の戦の直後に、念誓（親宅）は三たび三河国の代官に就任した。とはいっても、念誓はすでに高齢となっていたので、二、三年して長子の清蔵親重も代官となって父親を補佐したのである。慶長六年（一六〇一）頃の支配地についての「御勘定帳写」（村上直校訂『竹橋余筆別集』）によれば、念誓が代官として支配したのは鳥川村など山中六カ村（現岡崎市）であり、その高は一〇二四石余であったので、口米を含めた年貢米は四四七石にすぎなかった。代官といっても、後年の場合とは異なり支配する村数や石高はごく少なかったのである。それでも、翌年慶長七年には支配地は一躍二十五カ村、高一万二三四九石余に

増大した（「三州宝飯郡・額田郡寅之御蔵入郷帳写」『竹橋余筆別集』所収）。

念誓（親宅）は慶長九年（一六〇四）八月に死去した。数え七十一歳である。長子の松平清蔵親重が跡を継いだが、すでに父の念誓が在世時の慶長八年（一六〇三）には代官の職に就いていたのである。当然親重も三河国の代官であったことになる。三河国では慶長年間に赤坂代官所（現音羽町）が設置されていたので（村上直「石見国における幕府直轄領と奉行・代官制」、地方史研究協議会編『山陰―地域の歴史的性格』所収）、慶長八年頃の念誓（親宅）や親重は赤坂代官であったのかとも考えられる。

清蔵親重は慶長十七年（一六一二）に病弱を理由に致仕した。ところが、男子の七郎兵衛親朝は何故か幕臣となって後を嗣ぐことをしなかったし、また親重の弟の清左衛門親正もまだ二十一歳という若年であったためか直ぐに後を継がなかったのである。代って親重・清左衛門兄弟の従弟である清四郎重忠（浄感）が後を継ぎ、幕臣として徳川氏に仕えたのである。

致仕した親重は岡崎郊外の土呂村（現岡崎市）に居住し、酒造業などを営んだのであり、子の七郎兵衛もそれを手伝ったとみられる。後代、この家は松平甚助家と称されるようになるが、代々酒造を行うとともに、かなりの田地を所持したのであり、富裕な郷士といった存在であったと判断される。

従弟の清蔵親重に代わり慶長十七年（一六一二）頃より徳川将軍家に仕えた松平清四郎重忠は寛永六年（一六二九）まで仕えていたが、その間代官の職にも就いたのであり、やはり三河の代官を務めた。親重の

松平家の系図

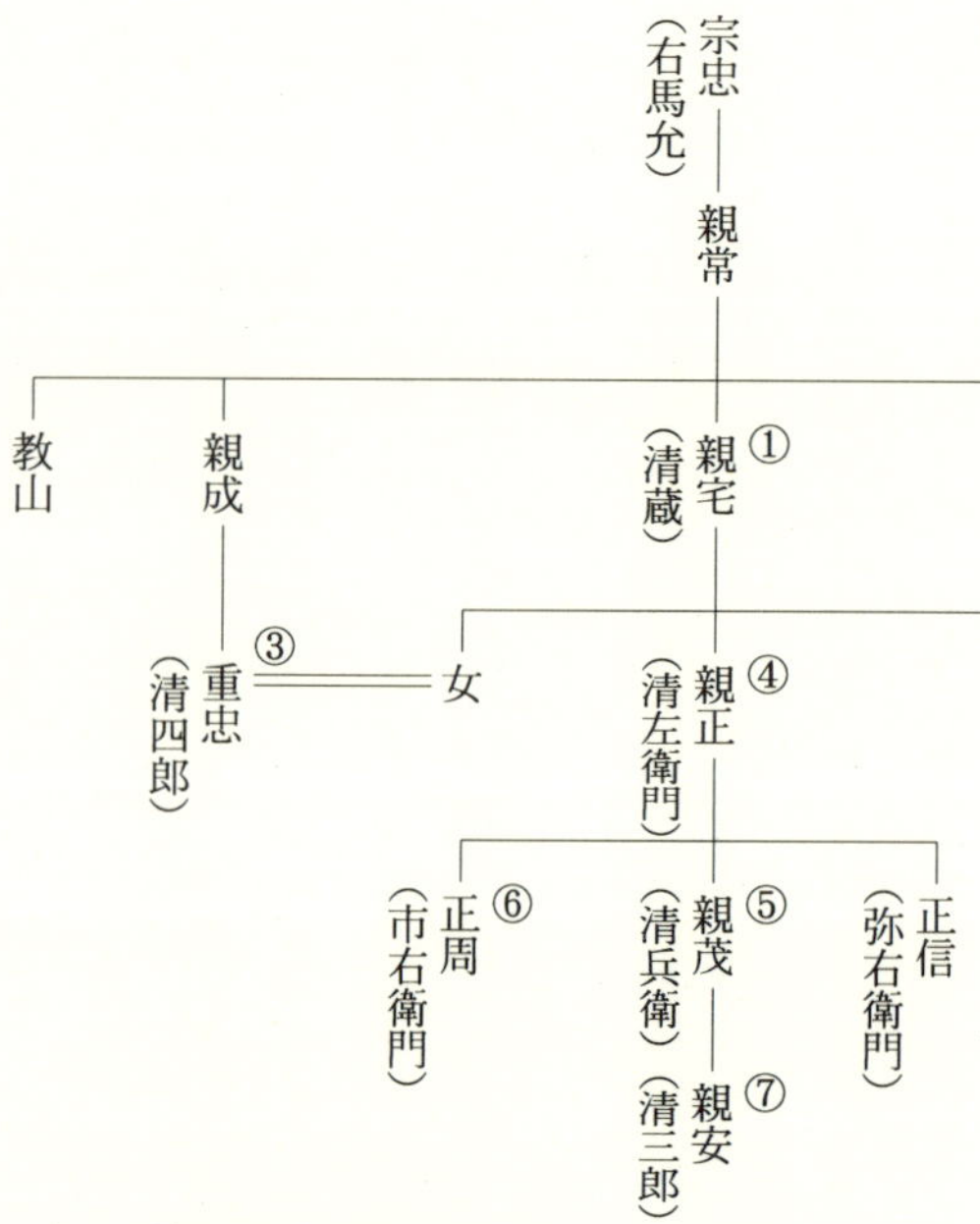

注(1)『新訂寛政重修家譜』（第１）より作成
(2) 数字は代官就任の順を示す。

表１　世襲代官松平家の支配高（出羽国）

年　次	西 暦	代　　官	支配高	備　　　　考
寛永19	1642	松平清左衛門	石 63,000	小林十郎左衛門より引継
正保１	1644	〃	113,000	
寛文８	1668	松平清兵衛	110,000	
寛文９	1669	〃	120,000	庄内・大山領１万石の増
延宝３	1675	〃	130,000	検地増
天和２	1682	松平清三郎	125,000	
貞享２	1685	〃	115,000	
貞享４	1687	〃	80,000	寒河江代官所へ35,000石割譲

注(1)「最上記」（『寒河江市史編纂叢書』第22集）を中心に作成。
(2) 石高は概数である。

弟の清左衛門親正は清四郎の女婿でもあったので、寛永二年頃から義父清四郎のもとで代官見習となっていたとみられ、清四郎が寛永六年に致仕すると、その後を清左衛門が継ぐことになったのである。兄の清蔵親重が致仕した時点で清左衛門は若年であったことから、清左衛門が相応の年齢となるまでの間、清四郎はつなぎの役で松平家の家督に就いて幕府に出仕し、代官の職も勤めたものと推測される。

二　松平清左衛門の善政

出羽代官を務めた松平清左衛門親正は、すでに記したように清蔵親宅（念誓）の二男である。その略歴を『寛政重修諸家譜』（巻第四十一）では次のように記している。

> 寛永六年めされて台徳院《（秀忠）》殿につかへ奉り、御代官となり、廩米五百俵をたまひ、寛文六年四月二十八日致仕す。九年七月十三日死す。年七十五。法名浄入。牛込の来迎寺に葬る。のち代々葬地とす。妻は松平清四郎重忠が女。

清左衛門は寛文九年（一六六九）に数え七十五歳で死去したことから、文禄元年（一五九二）に三河国岡崎で生まれたとみられる。清左衛門は父の清蔵親宅（念誓）の死去した慶長九年（一六〇四）には数え十三歳であった。兄の清蔵親重が致仕した慶長十七年（一六一二）には二十一歳であったことになる。

松平家が世襲代官の家柄であったとはいっても、幕府直轄地の天領を治める代官を勤めるには、二十一歳としても少々若年であったとみられたことから、前述のように従兄で岳父でもある清四郎重忠（浄感）が一時家督に就き代官の職も勤めたものであった。そして清四郎のもとで清左衛門は数年の間代官の見習を行っていたと推測される。数年経って相応の年齢となったところで、清四郎より家督を譲られて正式の代官の職に就いたのであった。

先の『寛政重修諸家譜』（巻第四十一）の記述によれば、松平清左衛門は寛永六年（一六二九）より徳川将軍家に仕えて代官となり廩米五百俵を給されたとする。清左衛門はこの時に数え三十八歳であった。『徳川実紀』（第二篇）にも同様な内容の記述がある。

ところで、「参河国聞書」（『近世三河地方文献集』所収）では、寛永二年のこととして、「御代官松平清左衛門、御馬村支配　在帳《（庁）》十一年マデ」と記されており、清四郎に代わって清左衛門が三河代官となって御馬村（現愛知県御津町）などを寛永二年から同十一年まで支配したとする。この「参河国聞書」は地方文書に拠って記述されているようであることから、右の記述は信用できるように思われるのであり、清左衛門はすでに寛永二年から代官として地方の村々を支配していたことが知られる。ただ実際には、前述のようにまだ若年であったことから代官見習だったわけであり、ようやく寛永六年（一六二九）になって家督に就き、正式の代官となったものであった。

なお、「参河国聞書」では寛永十年のところで、「同十癸酉年御代官松平清左衛門　長沢村庁屋　長山・牛久保支配」とある。この場合、庁屋とは代官所のことであり、当時清左衛門の代官所が長沢松平の本拠地であった長沢村に置かれていたことになる。そのため、清左衛門は三州・長沢代官と呼ばれたのである（『愛知県の地名』）。三州・長沢代官として長山・牛久保（いずれも現豊川市）などを支配していたわけである。

ところが、清左衛門は寛永十一年（一六三四）中に遠江国中泉代官（現静岡県磐田市）に就任して、同十九年まで八カ年ほど在職したとする（磐田市誌編纂委員会『中泉代官』）。ただ、『徳川実紀』（第二篇）の寛永十二年のところに、「松平清左衛門親正は三州代官となり……」とある。清左衛門が引続き三河代官を勤めていたことを示すものである。事実、その頃清左衛門が三州設楽郡の天領の代官を勤めていたことが確認できるので（駒沢大学『史学論集』第二一号）、この間は三州長沢代官と遠州中泉代官という両代官を兼ねていたとみられる。

そして、寛永十九年（一六四二）閏九月十日に松平清左衛門は支配地が出羽国に転じ、同国のうち村山郡天領および延沢銀山（現山形県尾花沢市）を支配するのである。当時の出羽代官は一名だけであり、庄内藩（酒井家）の大名預地となっていた由利郡天領を除けば、残る村山天領全体が清左衛門の支配になったのである。厳密には出羽国延沢代官兼延沢銀山奉行であった（「最上記」『寒河江市史編纂叢書』第二十二集所収）。前任代官の小林十郎左衛門が嫡子で伊豆代官の小林彦五郎に連坐して罷免されたことに伴う異動であった。なお、この時の異動を寛永十六年のこととする史料（「前々御支配御領主並御代官記録」『寒河江市史編纂叢書』二十六集所収）もあるが、誤まった記述である。

清左衛門の出羽代官転出に伴い、後任の中泉代官には清左衛門の嫡子松平清兵衛親茂が就任した。

出羽国に幕府の直轄地である天領が設置された主たる経済的な理由は延沢銀山の存在にあり（『山形県史』第二巻）、二万人以上の人口を抱えていた延沢銀山に米穀を円滑に供給するという重要な役割を負わされていたのである。

延沢代官として清左衛門の当初の支配高は、表1のように小林代官の後を承けて六万三千石余であった（「最上記」など）。翌寛永二十年（一六四三）に、会津藩加藤明成が改易となり、代って山形藩の保科正之が会津転封となったため、山形藩領が一時上知となって清左衛門の支配になったが（「山形古今夢物語」『山形市史資料』第七十号所収）、翌正保元年（一六四四）に松平直基が十五万石で転入した。したがって、山形藩領より五万石が削減され、天領に編入されたので清左衛門の支配となった。この結果、清左衛門の支配高は一挙に十一万三千石余に増大した。また寛永十八年（一六四一）に再開された延沢銀山も留山以前のように盛況になった。

これら村山天領村々および延沢銀山を支配するために、清左衛門はやはり小林代官の後を承けて、本陣屋（代官所）を延沢銀山のある延沢新畑村（現尾花沢市）に置いたのであり（横山昭男『尾花沢市史の研究』）、一般には延沢代官と称されたのである（『本庄市史・史料編』Ⅱ）。支配が村山郡に広く存在したので、代官所である本陣屋のほかに、順次寒河江、白岩（以上、現寒河江市）、谷地（現河北町）、尾花沢（現尾花沢市）などに出張陣屋を設置して村山天領諸領を支配した。

これらの代官所や出張陣屋には元締手代、手代らを駐在させ、天領村々の支配にあたった。「最上記」には、「清左衛門様御時代御手代衆」として、次のような、大体三十名ほどの名前を挙げている。

槇吉左衛門（本〆役）、子息《（槇）》六郎左衛門、川井徳兵衛（本〆役カ）、熊田新五郎、同吉兵衛、清水清兵衛、中村六兵衛、竹本久兵衛、神部九兵衛、阿部喜兵衛、子息《（阿部）》七助、前塚彦右衛門、子息《（前塚）》杢右衛門、木俣傳左衛門、岩附惣右衛門、同弥兵衛、山岡忠兵衛、今藤角兵衛、浅井十左衛門、後藤九郎右衛門、子息《（後藤）》九右衛門、三浦七右衛門、内藤三郎右衛門（用人）、田口所右衛門、石原五郎右衛門、竹内七左衛門、斎藤小左衛門、子息《（斎藤）》重左衛門・辰《（斎藤）》之助、本間三右衛門

それらの手代たちのうち、神部九兵衛、田口所左《（右）》衛門、竹田喜左衛門、石原五郎右衛門、竹本久兵衛、竹本重右衛門、滝嘉兵衛の七名は寒河江陣屋に駐在したし、一時的に斎藤小左衛門、内藤三郎右衛門の二名も駐在したという。

これらの手代たちのほかに同心五十人がおり、幕府より扶持米が支給されて、手代たちを助けて延沢銀山や天領村々の普請などを担当したとする。

槇吉左衛門は本〆（元締）役であったので、江戸滞在中の代官松平清左衛門に代わり、延沢代官所に常駐して、現地における責任者として支配を統括したものである。一書には川井徳兵衛をも本〆役とするものもある。前出の名前の中には見えないが、万治三年（一六六〇）には本〆役の清水庄兵衛という者がいたという（『寒河江市史』中巻）。本〆役に交代があったことも考えられよう。内藤三郎右衛門は用人であっ

たとするので、代官清左衛門に近仕し、秘書役のような役を果したかと思われる。他の手代たちには異動があったり交代があったりで、先の三十名ほども一時に勤仕していたのではなかったかと思われる。

手代は父子で勤めたり、兄弟などで勤めたりしている場合も結構みられた。

手代たちの中には、松平清左衛門が三州・遠州代官時代から手代を務めていた者もあったろう。三浦七右衛門は清左衛門の甥であったので、あるいは出羽以前から手代であったかとも思われるが、清左衛門が特に願って七右衛門は承応元年（一六五二）に庄内藩（酒井家）に知行二百石で召抱えられた（鶴岡市史編纂会『大泉紀年』上巻）。また斎藤小左衛門とおそらく熊田新五郎は前任の小林十郎左衛門の時にも手代を務めていて清左衛門も引続き手代として召抱えたものであった（「最上記」）。しかし、多くは清左衛門が出羽天領の農民・商人などのうちから採用したものであったとみられる。竹本久兵衛、神部九兵衛、斎藤小左衛門父子、本間三右衛門は手代を辞した後に寒河江に住居したので（「最上記」など）、寒河江領村々を取扱ったというばかりでなく、もともと寒河江の出身であったかとも思われる。なお、竹本久兵衛は隠居しても裕福に暮らしたとするので、もともと大高持の農民か富商の出身であったのかもしれない。

正保二年（一六四五）に楯岡領村々を田口所左（右）衛門が担当していたようである（『東根市史編集資料』第四号）。万治元年（一六五八）十二月の白岩領砂子関村（現西村山郡西川町）久兵衛あての年貢皆済状は「後藤九郎右衛門内高橋五右衛門」より出されているが（『西川町史編集資料』第五号）、後藤九郎右衛門は白岩陣屋駐在の手代であったので、高橋五右衛門は書役であろうか。寛文三年（一六六三）には白岩陣屋には後藤九右衛門・竹内兵右衛門が駐在していた（『西川町史編集資料』第八号(2)）。後藤九右衛門は九郎右衛門の子であったが、竹内兵右衛門の名前は先の手代の中には見当らない。竹内姓の手代もいたので、兵右衛門も手代であったのかと思われる。また寛文元年（一六六一）頃に寒河江陣屋には竹本重右衛門・山岡忠兵衛が駐在していたが、後年の寒河江領貫見村の返答書には竹本十（重）右衛門を代官と記していた（『大江町史資料』第九号）。寛文五年（一六六五）に長崎陣屋（現東村山郡中山町）に元締赤塚彦左衛門・大石八左衛門が駐在したといわれるが（『中山町史』上巻）、そのうち赤塚は前塚と記しているものもあるし、元締手代とするのは疑問である。また先の手代たちの中には大石姓の者は見当らないが、八左衛門も手代であったとみられる。

このようにしてみると、各陣屋には二名程度の手代が駐在したものとみられる。

なお、万治三年（一六五八）頃、寒河江・内楯村井上善右衛門が七カ村大庄屋を勤めていたといわれる（『大江町史資料』第九号）。白岩村には和田姓の大庄屋がいた。手代等を助けて天領村々の支配にあたったのである。

さて、延沢代官兼延沢銀山奉行に就任した松平清左衛門は早速、寛永十九年（一六四二）十一月付で支配地村々に年貢割付状を発給した。十一月付ということから、転任などでこの年の検見が遅れたことがうかがえる。同年の年貢割付状としては今のところ、白岩領白岩村（『寒河江市史編纂叢書』第三十五集所収）、寒河江領吉川村（『西川町史・上巻』所収）、谷地領西里村（『河北町の歴史・上巻』所収）の三カ村の分が知られる。

清左衛門は寛永二十年（一六四三）には支配地内の寺社に対し、寺社領の有無や縁起などを問い質したようであり、中世寒河江の領主だった大江氏の系譜を引く寒河江領吉川村（現西川町）の安中坊道空は大江系図である「大江姓安中坊系譜」を作成して提出したが（『西川町史』上巻）、現在大江氏の研究にとり重要な史料となっている。

正保元年（一六四四）に天領になり清左衛門の支配に入った山辺領、長崎領、蔵増領、楯岡領、大石田領、延沢領の各領村々に対し、幕府の指示もあったようで、一年ほど経って村柄などを書上げることを、担当の手代田口所左衛門を介して命じたのであり、正保二年十二月付の「蟹沢村々柄書上」が残されている（『東根市史編集資料』第四号）。村差出明細帳の提出は元禄二年（一六八九）頃から定例化されるようであるが、右の「村柄書上」は村差出明細帳の先駆的なものの一つといえよう。

詳しくは後述するように、最上氏時代を中心に慣行化されたこととして、村山地方は一般に田地の広さに比べて石高が過大に設定されていたのであり、そのままでは収量に比べて年貢が過重になることから、村々では多く「定引」や「立下」の措置が実施されていた。松平清左衛門も延沢代官に就任すると直ちに白岩領村々に追加の「立下」の措置を行ったほどである。

その後、清左衛門は改めて支配地各領村々の「定引」などの有無やその高を問い質したもののようであり、正保四年（一六四七）十月付の「谷地代々定引ノ次第」が谷地新町村（現西村山郡河北町）の名主彦右衛門より代官松平清左衛門あてに提出された。

寒河江領小見村（現西村山郡大江町）では溜井の樋仕直し工事を行ったが、手代滝本久兵衛が奉行を勤め、寒河江領村々より人足五百人が提供されたとする（明和元年「小見邑明細差出帳」『大江町史資料』第七号所収）。滝本は竹本久兵衛のことであろう。

正保二年（一六四五）、そして翌三年と村山地方は洪水が起ったのであり、玉虫沼（現山辺町）はおそらくこの時の大洪水で堤が大破したのであろうが、山を削って堤を広げる普請を実施しており、清左衛門の指示があって御普請となり木材は白岩の御林から伐り出され、また郡中村々より助人足が提供された（『玉虫水利史』）。

松平清左衛門は幕府・寺社奉行よりの指示があり、慶安元年（一六四八）に支配地村々の惣寺社改めを行った。主として寺社の朱印地などの改めを行ったものである。手代の斎藤小左衛門が中心となって調査を担当した（『西川町史』上巻）。それにより同年八月付で大沼村（現西村山郡朝日町）の明神領、大谷村（同前）の阿弥陀領、寒河江・楯北村（現寒河江市）の稲荷別当惣持寺、寒河江の八幡社領、柴橋村（現寒河江市）本ノ沢の羽黒権現などから朱印状下付の出願がされた。これらの出願に基づき、翌慶安二年十月に朱印状が下げ渡された（『編年西村山郡史』巻之三）。村山郡全体では朱印状六十四本が交付された。朱印地の高は合せて四七五三石余であった（『西川町史』上巻）。大沼村の稲荷明神社はこの年より初めて朱印地になったという（「萬見聞記録」『朝日町史編集資料』第十六号所収）。大井沢村（現西川町）の大日寺よりは一部申請洩れがあったとして四石五斗だけ朱印高を増してほしい旨の出願がされた（『西川町史編集資料』第四号）。

宗教関係といえば、大清水村（現天童市）のキリシタン五郎左衛門が慶安二年（一六四九）六月に牢死した（『天童市史編集資料』第三十二号）。長らく代官所の牢に入れられていたものか。清左衛門もキリシタンの摘発などは厳しく行ったことであろう。

慶安二年頃に幕府の農政が確立したことから、それまで代官に委ねられていた貢租搾取に関する権限は勘定方に統一的に掌握されることになったといわれている（佐々木潤之介『幕藩権力の基礎構造』）。慶安二年（一六四九）といえば、この年は凶作のため村山地方に暴動が起ったし（『山形県災異年表』）、翌慶安三年は奥羽地方が大水となったが、村山地方西部を流れる寒河江川（最上川支流）も洪水を起した。慶安四年も村山地方は大洪水で、最上川の大水による被害が甚大であり、凶作となったため庄内方面に逃亡する農民も出たという（『西川町史年表』）。松平清左衛門が白岩村（現寒河江市）に対して慶安三年（一六五〇）、同四年の両年に実施した「寅ノ立下」、「卯ノ立下」もこれらの洪水の被害に関わる救済措置の面もあったのであろう。

それより先、寛永十年代後半の凶作を契機に、天領では畝引検見取が一般化したようであり、出羽天領でも清左衛門の支配の時には年々検見引が行われたのである。不作・凶作の年ばかりでなく、当然豊作の年もあったことであろうが、毎年検見引があったことから、畝引検見取が行われたことが知られる。洪水などの被害があったばかりでなく、畝引検見取が実施されたこともあり、年貢取米は次第に減じる傾向にあった（表2参照）。殊に私領から天領に移った村々の場合、かなりの減租となることが通例であったので、清左衛門の支配に入った白岩領の村々は「減税」感が一層増幅されたのではなかったかと思われる。

ところで、慶安二年（一六四九）頃から、代官役所から下される文書類に、松平清左衛門ではなく、しばしば松平市右衛門の名前がみられる（たとえば「御触書之写」『西川町史編集資料』第十二号所収）。清左衛門自身も若い頃に市右衛門を名乗ったこともあったが、慶安二年頃からのものは清左衛門の三男市右衛門正周のことを指している。父清左衛門に代り代官代理の任務を果したものである。なお、正保四年（一六四七）の年貢割付状は松平清次郎の名前で発給されているが、これは市右衛門正周の幼名である（「最上記」）。市右衛門はこの頃から代理の代官役を勤めることがあったのであった。嫡子清兵衛は中泉代官を勤めていたので、市右衛門が代って補助の役を勤めたものである。

慶安年間といえば、「山形古今夢物語」という書物では、慶安年中（一六四八―五二）に代官松平清左衛門が長瀞村（現東根市）に陣屋を建てたとする（『山形市史資料』第七十号所収）。実際にこの時、陣屋を建てたとすれば出張陣屋であろう。

白岩村（現寒河江市）の寒河江川に架かる大橋（臥竜橋）が承応年間（一六五二―五五）に流失したので掛替えられたが、工事は御普請とする旨の代官所の許可があり費用や助人足が提供されたのであり、その時の代官を松平市右衛門とする（「心覚手扣ひ」『寒河江市史編纂叢書』第三十四集所収）。これも代官代理を勤めた二男の市右衛門のことであるとみてよい。

明暦元年（一六五五）七月に平塩村（現寒河江市）の熊野権現の古絵図が清左衛門あてに提出された（『柴橋村誌』）。支配下村々の各神社からも提出されたものか。

明暦三年（一六五七）に良い鉱脈のある間沢金山（現西川町）が発見された。清左衛門は猪野吉左衛門を奉行とし、十分の一を大泉平右衛門に給与して金山の支配を命じた（「最上御蔵入覚書」）。金山奉行を命じられた猪野吉左衛門は清左衛門配下の手代であったろうか。しかし、前出の手代たちの中には名前がみられないようである。大泉平右衛門は山師であろう。近世前期の代官は鉱山支配も重要な任務の一つであったが、猪野は鉱山などに関する知識や経験のある役人だったのではなかろうか。もともと延沢銀山付きの役人であろうか。衰微しはじめた延沢銀山に代わる間沢金山の発見は清左衛門たちに大いに歓迎されたことであろう。

衰微しはじめた延沢銀山に関連して、万治元年（一六五八）に清左衛門は尾花沢村（現尾花沢市）に代官所を移したともいわれる（『尾花沢風土記』）。しかし、どうやら本陣屋（代官所）が延沢新畑村から移されるのは、清左衛門の後の清兵衛の時の寛文十一年（一六七一）のこととするのが正しいことと判断される。先の慶安年間に長瀞村に陣屋を建てたことや今度の尾花沢陣屋の建設はいずれも出張陣屋が設置されたことを指しているものと思われる。なお、後年の延宝二年（一六七四）六月の「尾花沢村検地帳」によれば、「一、八畝拾五歩　手代屋敷」というように、手代屋敷が設置されていた（『大石田町史』上巻）。

万治三年（一六六〇）に寒河江陣屋が建替えられたし、寛文六年（一六六六）には牢屋も建替えられたという（『寒河江市史』中巻）。

万治三年（一六六〇）十一月に幕府より酒造制限令が出されたのであり、それを受け出羽天領でも使用を許可された酒樽以外の分の使用を禁止した（「最上御蔵入覚書」）。清左衛門配下の本〆（元締）である清水庄兵衛が廻村して酒造桶に焼印を押したという（『寒河江市史』中巻）。

寛文二年（一六六二）十一月に寒河江の名刹である慈恩寺と実相坊・蓮蔵坊との出入一件につき慈恩寺より覚書が松平市右衛門あてに差出された（『寒河江市史編纂叢書』第二十四集(二)）。出入といえば、慈恩寺では真言・天台両徒が山林などをめぐって争い、幕府・寺社奉行に訴えたことから、寛文二年五月および八月に裁許が下された。その後になり、天台・真言の両派が和し、寛文五年（一六六五）六月十八日に幕府に対し、慈恩寺の寺領二千八百石の朱印状を下げ渡されんことを出願したところ、同年七月十一日付で朱印状が下付された（『編年西村山郡史』巻之三）。他の寺社にも下付された（『西川町史年表』）。

寛文三年（一六六三）に西村山地方に大洪水が起こり、本道寺村（現西村山郡西川町）では大規模な山道崩れが発生し、通行ができなくなったばかりでなく、十二軒の家屋敷が流されたのであり、「代官」松平市右衛門の白岩陣屋に駐在する後藤九右衛門・竹内兵右衛門に歎願し、新たに屋敷の割当てを受けたし、また郡中助合いにより川除五カ所を普請した（『西川町史編集資料』第八号(2)）。

寛文五年（一六六五）五月に長崎陣屋の元締赤塚彦左衛門が長崎村（現東村山郡中山町）の天性寺に「正（聖）

観音菩薩像」を寄進したとするが、後年の天保十四年（一八四三）の書上げでは赤塚彦左衛門を清左衛門の用人とする（『中山町史』上巻）。前述のように、赤塚彦左衛門は前塚彦右衛門と同一人かとも思われるが、当時長崎陣屋に元締手代が駐在したとは考えられず、単なる並手代だったのではないかと思われる。

寛文五年（一六六五）は奥羽全般が凶作の年であったので、村山地方もかなりの凶作となった（『西川町史年表』）。かなりの検見引が行われたものとみられる。

年代は明らかではないが、楯岡（現村山市）の東沢堤は清左衛門が命じて築造されたものとする（『村山市史編集資料』第五号）。

ところで、代官松平清左衛門の時の年貢についてもみておこう。

今、寛永十九年（一六四二）十一月付で、村山天領村々に年貢割付状が松平清左衛門の名前で初めて発給された。そのうち白岩村（現寒河江市）の分を示してみる。

白岩領白岩村午之御年貢可納割付之事

一、三千五百拾七石五斗九升五合弐勺　高辻

弐百九石八斗四升　丑之川かけ

八石六斗九升弐合　卯之川欠

内 三百四拾五石九斗九升弐合　辰之立下

千三百四拾七石七斗三升　午之検見拾(捨)立下ル

小以千九百拾弐石弐斗五升四合
残千百四拾五石三斗四升壱合
此取五百七拾弐石六斗七升壱合　但五つ取
右の通り極月二十日以前皆済仕る可く候、此割付小百姓中残らず見せ申し、損徳（得）これ無きように致す
べきもの也
寛永拾九年　　松　清左㊞
午霜月十九日　　右之村
庄　屋
百姓中

これによれば、三〇五七石五斗余の村高に対し、「丑之川欠」、「卯之川欠」、「辰之立下」、「午之検見拾（捨）立下ル」という理由で差引かれる高を合せると一九一二石二斗余が年貢賦課の対象から除外され、残る高一一四五石三斗余に年貢が賦課されることから、免五ツ（租率五割）を乗じて、五七二石六斗余がこの年の年貢取米量である。年貢の村高に対する割合はわずかに一八・七パーセントにすぎず、代官松平清左衛門の支配期間をとっても最高の減免が行われたのであり（表2を参照）、清左衛門は支配の初年度にあたり大幅な減免を実施したことが知られる。

今、右の「川欠」や「立下」などの行われた年代を明示すると次のようになる。

表2　白岩村の年貢

年　代	西　暦	年貢取米	年　代	西　暦	年貢取米
寛永19	1642	石 572.671	寛文8	1668	石 766.585
20	43	872.810	9	69	676.821
正保1	44	893.537	10	70	711.880
2	45	957.064	11	71	752.531
3	46	957.835	12	72	778.596
4	47	1075.190	延宝1	73	783.804
慶安1	48	1111.170	2	74	685.469
2	49	1054.870	3	75	872.083
4	51	910.575	4	76	852.050
承応1	52	877.124	5	77	861.975
2	53	909.137	6	78	983.333
3	54	954.888	7	79	973.316
明暦1	55	968.399	8	80	944.483
3	57	937.697	天和1	81	927.415
万治1	58	649.423	2	82	890.114
2	59	794.302	3	83	906.988
3	60	871.510	貞享1	84	904.254
寛文1	61	835.227	2	85	910.965
2	62	873.627	3	86	912.640
3	63	774.170	4	87	911.298
4	64	810.645	元禄1	88	912.243
6	66	808.001	2	89	937.400

注(1)　『寒河江市史編纂叢書』第35集による。
　(2)　寛文8年より出目米が記されているが、年貢取米に含まれていない。

丑之川かけ《（欠）》――寛永十四丑年
卯之川欠――寛永十六卯年
辰之立下――寛永十七年辰年
午之検見拾《（捨）》・立下ル――寛永十九年午年

「川欠」は主に寒河江川の洪水により、田畑や居屋敷が川欠けとなり、永引と認められて年貢賦課の対象から除外された分である。清左衛門の支配となる以前は白岩村では寛永十四年（一六三七）と同十六年の二度行われていたものであった。次に、「立下」であるが、『西川町史』（上巻）では、ある年の収穫の程度が例年より格段に劣ることによる上納軽減であるとする。しかし、白岩村の場合、寛永十七年（一六四〇）の「辰ノ立下」と同十九年年の「立下ル」はその後も年々賦課の対象から除外されているのであり（『寒河江市史編纂叢書』第二十五集）、したがって「立下」は検見引などのような単年度の上納軽減の措置ではなく、永引の措置だったのである。村山地方で広く行われたといわれる元和五年（一六二〇）の「定引」とほぼ同等な措置であったとみるべきである。

寛永十七年（一六四〇）の「辰之立下」は前任代官の小林十郎左衛門の時に行われたものであったが、「立下」の分がなお不十分だと判断して、松平清左衛門は支配の初年度である寛永十九年（一六四二）に追加の「立下」を実施したのであった。それでも、この時の「立下」高は二三石六斗余にすぎなかったのであったが、その後、なお不十分であるとみたものか、白岩村では慶安三年（一六五〇）、翌四年の両年にも

表3　白岩村の永引

年代	西暦	「立下」引高	川欠など永引高	備考
寛永14	1637		石 104.920	丑ノ川欠
〃 16	39		4.346	卯ノ川欠
〃 17	40	石 172.996		前々立下引
〃 19	42	23.675		
正保1	44		2.240	申ノ川欠
〃 2	45		1.550	酉ノ川欠
〃 3	46		5.434	戌ノ川欠
〃 4	47		0.650	亥ノ川欠
慶安1、2頃	48、49頃		2.711	子、丑ノ川欠
〃 3	50	200.453		寅ノ立下
〃 4	51			卯ノ立下
承応・明暦頃			12.826	田畑ニ成候間之石引
万治1	1658		58.590	戌ノ川欠
〃 2	59			亥ノ川欠
寛文3	63		70.376	卯ノ川欠
〃 5	65		2.101	巳ノ川欠
計(寛文11)	(1671)	397.124	265.654	合計　石 662.778

（注）『寒河江市史編纂叢書』第35集より作成。

合せて二〇〇石四斗余の「立下」が行われた（表3を参照）。白岩村の「立下」は全部で四〇〇石ほどにも及んだことになる。そのことは最上氏や酒井忠重の両時代に過大な増高の操作が行われていたことを反映している。過大な増高の存在は農民の困窮の第一の原因となっていたのであるが、前任の小林十郎左衛門の「立下」措置ははなはだ不十分だったのである。寛永十九年（一六四二）の「立下」は清左衛門の一存で実施さ

表4　白岩村の検見引・不作引

年　代	西　暦	検見引など	年　代	西　暦	検見引など
寛永19	1642	石 662.028	万治1	1658	石 251.565
〃 20	43	395.053	〃 2	59	144.105
正保1	44	327.084	〃 3	60	66.897
〃 2	45	243.255	寛文1	61	103.180
〃 3	46	255.816	〃 2	62	64.780
〃 4	47	137.796	〃 3	63	87.252
慶安2	49	155.406	〃 4	64	57.686
〃 4	51	75.858	〃 6	66	58.019
承応1	52	121.743	〃 8	68	99.435
〃 2	53	100.686	〃 9	69	159.609
〃 3	54	?	〃 10	70	125.490
明暦1	55	28.598	〃 11	71	69.575
〃 3	57	59.300	〃 12	72	65.051

（注）『西川町史』上巻による。

れたものであろう。慶安三年（一六五〇）・四年の「立下」はおそらく幕府・勘定所の承認を受けたものであったろうが、代官である清左衛門の意向が大きく影響したであろうことは言うまでもない。

「立下」ばかりでなく、「川欠」も寛文五年（一六六五）まではしばしば行われており、大小にかかわらず、洪水が起ると直ちに検分されて、川欠の措置がとられたものであろう。このことも農民や農村のことに注意を払うことを怠らなかった清左衛門ならではのことであったと思われる。「立下」と川欠を合せると、白岩村では寛文十一年（一六七一）の時点で永引の分が高六六二石余に及んでおり、村高の五分の一強にも及んでいた。

たとえば、新田村である蔵増領藤内新田村

の承応元年（一六五二）の年貢割付状（「新田村辰御成ケ可納割付之事」『天童市史編集資料』第十二号所収）によれば、「未ノ荒引」のほかに、承応元未年の日損引は、「辰ノ日損虫付引」、「同日損鎌不入引」、「同畑方日損引」と畑方を含め三種で行われていたのであり、検見においても木目の細かい気配りがあったことがうかがえる。

白岩村でみれば、年貢取米は寛永十九年（一六四二）に五七二石余でもっとも少なく、一六四〇年代後半の正保・慶安年間にかけていったんは、やや引上げられていくが、その後は次第に漸減していくのである。豊作の年もあったはずであるが、不作の分として年々かなりの検見引が行われた結果である。

以上のように、白岩村でみたような三度に及ぶ「立下」ばかりでなく、洪水があると直ぐに行われた「川欠」、そして木目の細かい検見引というように、代官松平清左衛門は領民に配慮した施政を心掛けたようであり、そのことによって領民たちが代官清左衛門を慕うことになった第一の理由になったとみられる。

村山天領の年貢は、十七世紀前半には村々よりすべて年貢米として現物で納入されたうえ、延沢銀山などに送られ費消されたものとみられる。もっとも、寛永十年代に一時延沢銀山が留山となっていた時期には、酒田湊へ積下し同地で売払ったり、年によって佐渡金山へ送られたりした。そして、延沢銀山が再開されると再び年貢米は主として延沢銀山に向けられるようになったとみられる。

再開された直後の延沢銀山は好調だったのであり、莫大な採銀のほか、多額の運上金も納入されたのであり、延沢銀山奉行を兼ねた松平清左衛門も満足したことであろう。しかし、同銀山の衰退は想像以上に早く到来したのであり、寛文年間（一六六一―七三）には完全に衰微していた（横山昭男『尾花沢市史の研究』）。延沢銀山が急速に衰微する一方、村山天領を中心に出羽天領は漸次拡大したことから、出羽天領の年貢米をすべて出羽国内やその周辺で費消することは不可能になってきた。さりとて、当時はまだ恒常的に江戸廻米することも困難だったのであり、そのため承応年間（一六五一―五五）頃になると、寒河江領・谷地領など村山郡西部の天領村々では、石代金納が許可されるようになったといわれる（「正覚寺文書」『寒河江市史編纂叢書』復刻第十三集所収）。

石代金納の中心は「五分一金納」と称されるものであり、本年貢の五分一（二〇パーセント）が年々石代金納されるものであった。当初はこの五分一金納ばかりでなく、五分一外金納という名称の石代金納も行われていたので、年貢の過半ないし全部が石代金納になったのである。ただ、五分一外金納の方が五分一金納よりも少し値段が高く設定されていた。砂子関村（現西村山郡西川町）は小さな山村であるので年貢高はごく少なかったが、万治元年（一六五八）十二月付の年貢皆済目録（『西川町史編集資料』第五号）でも、年貢米十三俵二斗二升三合のうち、二俵が「五分一金納」となり、残り十一俵二斗二升三合が「五分一之外金納」となったので、年貢はすべて石代金納となったわけである。なお、五分一金納値段に比べ「五分一之外金納」の方が金一両につき半俵だけ高く設定されていた。

ところが、翌万治二年（一六五九）の頃になると、それまで「五分一外金納」となっていた分など、年貢米の一部が年々江戸廻米されるようになったので、「五分一外金納」は行われなくなるのである。

万治二年（一六五九）とか寛文元年（一六六一）とかに始まったといわれる出羽天領の年貢米の江戸廻米は、始まって十数年の間、江戸商人などによる請負によって行われたのであり、その場合は最上川沿いなどの河岸場で請負商人方に年貢米を引渡すと、それ以降の江戸廻送や浅草御蔵納など一切の業務は請負商人の方で代行するものであった。村々はそのために年貢米一俵につき米一升ずつ（「羽州御年貢米御廻米之事」『東根市史編集資料』第十六号所収）とか米二升ずつ（『酒田市史・改訂版』上巻）とかを手数料として商人方に渡すだけで済み、万一事故などが起っても請負商人の方で処理し、百姓たちにはそれ以上の負担は掛らないので、歓迎されたのである。

これまで述べてきたことを若干繰返すことになろうが、代官松平清左衛門の支配の時には、過大に設定されていた村高を永引する措置である「立下」を村によっては三度も実施したし、また洪水による被害が生ずると直ちに「川欠」の措置を講じていた。また畝引検見取を木目細かに実施したのであり、年々相当な検見引が行われていた。そして、承応年間（一六五二―五五）頃より五分一金納などの石代金納を実施した。万治二年（一六五九）より出羽天領の年貢米の江戸廻米が始まってからも商人請負制がとられたことにより百姓たちにあまり大きな負担が掛らなかった。これらのことが「善政」として支配地の百姓たちに大いに感謝されたようである。「最上記」（『寒河江市史編纂叢書』第二十二集所収）では、

御代官松平清左衛門様御憐愍深く、百姓一統安堵の思ひをなし

と記されている。清左衛門は領民を大事にする慈悲深い代官であったので、同人が代官の時には百姓たち

が安心して暮らすことができたし、大変慕っていたとするものである。川欠があれば必ず永引にしてくれ、年々木目細かな検見引もあることから、清左衛門の施政に対して厚い信頼感を抱いており、百姓たちが安心して農業や渡世に従事することができたのであった。

右のように領民たち敬慕された松平清左衛門であったが、老齢のため寛文六年（一六六六）四月二十八日に延沢代官の職を辞すとともに隠居した。すでに七十二歳であった。

松平清左衛門は、代官の家に生まれ、寛永二年（一六二五）頃に代官見習になり、四年後の寛永六年には家督を継いで正式の幕府代官に就任した。直ちに三州・長沢代官となり、遠州・中泉代官の兼務を経て、寛永十九年（一六四二）には羽州・延沢代官兼延沢銀山奉行となった。致仕する寛文六年（一六六六）まで通算して四十年間も代官の職にあったのであり、出羽国の村山天領および延沢銀山の支配だけでも、二十四カ年に及んだので、六カ年の支配で終った前任の小林十郎左衛門代官が大領支配を改めることにほとんど手を付けていなかったこともあり、代って清左衛門が出羽天領支配の基礎を築いたのであった。

松平清左衛門は隠居して三年後の寛文九年（一六六九）七月十三日に死去した。享年七十五歳であった。

三　名代官松平清兵衛

隠居した松平清左衛門に代わり、羽州・延沢代官（現尾花沢市）には嫡男の松平清兵衛親茂が就任した。

清兵衛は父清左衛門が出羽・延沢代官兼延沢銀山奉行に転任後、それまで清左衛門が勤めていた遠州・中泉代官の後任に就任していたが、父親の隠居により、今度は延沢代官の後任に就任したわけである。なお、後任の中泉代官には清兵衛の弟市右衛門正周が就任した。松平家は世襲代官の家柄であることから、父子で代官職を相続するのを当然視されていたようである。それに清左衛門が致仕した時点では中泉代官および延沢代官の役職が松平家の家職のようになっていたものであった。

松平清兵衛の略歴を『寛政重修諸家譜』(巻第四十一)により示せば次のようであり、極めて簡略なものである。

寛永十年七月二十六日はじめて大猷院《家光》に拝謁し、のち御代官となり、正保四年十二月二十日廩米三百俵をたまひ、寛文六年四月二十八日家を継、さきにたまはる廩米は納めらる。延宝三年十一月二十八日死す。年六十一。法名浄真。

松平清兵衛は没年の延宝三年(一六七五)から逆算すると、元和元年(一六一五)の生まれとみられる。寛永十年(一六三三)七月に三代将軍家光に初めて拝謁したが、この時は兄の弥右衛門正信と一緒の拝謁であった。兄の弥右衛門は二年後の寛永十二年に代官ではなく、大番組に番入したが、父清左衛門に先立ち承応二年(一六五三)に死去した。そのため二男である清兵衛が松平家の嫡子となったのである。

松平清兵衛は寛永十九年(一六四二)は召出されて代官となるが、ちょうど出羽・延沢代官に転出した父清左衛門の後任の遠州・中泉代官に就任したのである。数え二十八歳のことである。まだ若年の身であったことから、しばらくの間は支配地の施政については父清左衛門に相談したり、指示を受けたりしたのではなかろうか。ともかく、それより寛文六年（一六六六）まで二十四カ年ほど清兵衛は中泉代官を勤めたのである（磐田市誌編纂委員会『中泉代官』）。その間の正保四年（一六四七）十二月には父清左衛門とは別に廩米三百俵を賜ったのである。

そして、松平清兵衛は寛文六年（一六六六）四月に父清左衛門が致仕したのに伴い、家督に就くとともに、中泉代官から羽州・延沢代官に転じたのである。中泉代官に比べて延沢代官の方は、当時唯一人の出羽代官であったうえ、支配地も広く、より大きな権限が与えられており、松平家の当主が勤めるのに相応しいという判断があったのであろう。廩米も父清左衛門の分である五百俵を受継いだ。それまで清兵衛が賜っていた廩米三百俵は一旦返還されたものの、改めて中泉代官に就任した弟の市右衛門正周に与えられた。『徳川実紀』（第四篇）にも「延沢代官松平清左衛門親正老衰せしかば、長子清兵衛親茂家つぎ、父の原職に復し、二男市右衛門正周別に召出され、新に三百俵下され、これも代官になる」とある。なお、清兵衛が嫡男となったことにより、本来三男である市右衛門も二男としての取扱いとなったわけである。

ちなみに、延沢銀山（現尾花沢市）も清兵衛の支配地に含まれていたが、すでに衰微していたことから、別に延沢銀山奉行には補されず、単に延沢代官ということであったとみられる。

松平清兵衛の出羽天領の支配高は当初、父清左衛門の後を承けて十一万三千石余であった。その後、若干の増減がみられた。まず、寛文八年（一六六八）に肥前国天草より転封となった高力左京政房に山之辺領三千石を村山天領のうちから引渡したことから、いったん支配高は十一万石余に減じた。しかし、翌寛文九年（一六六九）に庄内藩（酒井左衛門尉家）の支藩大山藩（現鶴岡市）の藩主酒井忠解が嗣子なく死去したことから、庄内・大山領一万石（田川郡）が収公されて天領となって清兵衛の支配に入ったのであり、支配高は十二万石余となった。その後、幕府の命により寛文十一年（一六七一）から延宝三年（一六七五）まで支配地に総検地を実施したことから、一万石弱が打出しとなり、支配高十三万石余になったのである。ちなみに、寛文八年（一六六八）に山形藩主が交代し、その際漆山領三万石も山形藩領から天領に変ったが、何故か松平清兵衛の支配には入らず、別に漆山代官所が設けられ、初代の漆山代官には佐野平兵衛が就任し、それら三万石の村々を支配することになった。松平清兵衛の支配高がすでに十分の状態に達しており、これ以上は眼が行き届かないと判断されたものであろうか。これより出羽代官は二名となったのである。松平家による出羽天領に対する独占的支配が破られたことになる。なお、貞享四年（一六八七）には寒河江代官所も新設され、出羽代官は三名となる。

寛文六年（一六六六）に百姓の種籾の拝借が勝手次第となった（「最上記」）。それまでは種籾が必要か否かを問わず、年々事実上強制的に村々に貸付けられ、年貢の納入に際し、種籾の分も元利ともに取立られるが、元米は再び貸付けられるという次第で、利息の分は事実上年貢米の一種となっていたのである。父清左衛門の支配の時には右の種籾貸付が行われてきたが、清兵衛の代となると直ちに右のような強制的な種籾の貸付を中止し、本当に必要とする村や百姓にだけ種籾を貸付けることにしたものである。これは明らかに清兵衛の善政の一つといえる。

寛文七年（一六六七）三月には幕府の巡見使三名が下向した。奥羽はこの年前代未聞の飢饉であった（「大井沢史料年表」）。

寛文九年（一六六九）二月、幕府は京枡への統一を命じたことにより、村山天領ではそれまでの左京枡の使用を禁じ、京枡に統一した。それに伴い一斗につき二升の出目となったし、京枡では一俵三斗七升入となる。そのため清兵衛は江戸の樽屋藤左衛門に命じて、一斗入、五升入、一升入という三種の焼印付きの枡を三十六個を作らせたし、翌十年にも三十八個を作らせ、支配下の各領に配分した。その後も一升枡を作らせ江戸より送り村々に配布した（「最上御蔵入覚書」）。枡の交換については寒河江領では手代本間三右衛門が担当したのである（「正覚寺文書」『寒河江市史編纂叢書』後刻第十三集所収）。

上知となった田川郡・大山領（一万石）も寛文九年（一六六九）二月頃より清兵衛の支配となった。六月に領地などの受取りのため手代清水庄兵衛・山岡忠右衛門が出向いた（『大山田中氏家記』鶴岡市郷土資料館）。それより清兵衛は中心である大山村（現鶴岡市）に出張陣屋を設置し、二名の手代を駐在させた。当初は山岡忠兵衛・井上利兵衛の両人であった（『大泉紀年』中巻）。大山領村々は天領となり大幅に年貢が引下げられたのであり、大山村の場合、二〇パーセントも租率が下がり村民たちは大いに喜んだのであった（『雞肋編』下巻）。ただ、大山藩時代に藩主酒井備中守忠解が下付した黒印状による黒印地は清兵衛の承認するところとならず年貢が課されたのである。たとえば大山領角田二口村（現東田川郡三川町）

表５　庄内・大山陣屋の手代

年代	西暦	手代名
寛文 9	1669	山岡忠兵衛、井上利兵衛
10	70	山岡忠兵衛、井上利兵衛
11	71	山岡忠兵衛、井上利兵衛
12	72	山岡忠兵衛
延宝 2	74	山岡忠兵衛
8	80	山岡八郎右衛門、清水半右衛門
天和 1	81	山岡八郎右衛門、滝五左衛門
2	82	山岡忠右衛門、滝五左衛門
3	83	山岡忠右衛門、川原何右衛門
4	84	山岡忠右衛門、川原安兵衛
貞享 2	85	山岡忠右衛門
3	86	山岡忠右衛門
4	87	山岡忠右衛門、川原安兵衛
5	88	山岡忠右衛門、河原安兵衛

（注）『大泉紀年』、『鶴ケ岡大庄屋川上記』を中心に作成。

の清領寺でも十石の黒印地に年貢が課されている（「忠武山之縁起」、佐藤東蔵『角田二口部落史』所収）。また酒井忠解の菩提寺である大山村道林寺では、墓所のところが年貢地とされたので、除地とされることを支配代官に再三歎願するが認められなかったのである（拙著『酒井備中守忠解と大山藩』）。

寛文十年（一六七〇）九月に銀山村（延沢銀山）で「銀山畑并屋敷御検地帳」が作成された。清兵衛配下の手代本間嘉左衛門・福永彦太夫が検地を担当した（『尾花沢市史資料』第十輯）。初めての検地だったようであり、延沢銀山が衰微したので一般の村並みに畑地や屋敷に年貢を課そうとしたものであろうか。そういえば、寛文八年（一六六八）には平塩村（現寒河江市）でも松平清兵衛によって検地が行われたという（長井政太郎『柴橋村誌』）。同年三月には白岩領月山沢村（現西川町）より「田地有地永引場銘々書わけ帳」が松平清兵衛あてに差出された（渡辺為夫『寛永白岩一揆』）。

寛文十一年（一六七一）正月に、宗門につき郡中名主たちが連印した「差状申証文」が松平清兵衛の役所に提出された（横尾半左衛門「幕末時代の柴橋・前編」『寒河江市史編纂叢書』第十六輯所収）。

幕府は寛文十一年（一六七一）に松平清兵衛および漆山代官佐野平兵衛の両人に対し、支配地村々に総検地を命じたのであり、清兵衛はそれより延宝三年（一六七五）まで五カ年にわたり支配地村々に順次検地を実施していった。なお、庄内の大山領（田川郡）村々に対しては、新田検地のみで本田検地は行わなかった。すでに大山藩時代の承応二年（一六五三）に全領的な土地改めが行われていたためとみられる。

松平清兵衛は寛文・延宝総検地に先立ち、寛文十一年（一六七一）に本陣屋（代官所）を延沢より長瀞村（現東根市）に移したのである。延沢銀山が衰微し、今後天領村々の支配に重点を置くうえで、本陣屋が延沢では北に片寄りすぎていることから、支配地の真中辺りに位置する長瀞村が選ばれたのであろう。長瀞村にはすでに慶安年間（一六四八―五二）に出張陣屋が置かれていたようであるので、それを拡張して本陣屋としたものと思われる。

松平清兵衛は総検地にあたり、検地役人に対し、「御検地ニ付被仰渡候覚書」を下し、検地の実施方針を示した（『西川町史資料』第十六号など）。最初の覚書は寛文十一年（一六七一）二月のものである。その内容を『山形県史』（第二巻）では、「検地竿の打ち方について」、「田畑の位付について」、「検地帳の仕立方について」の三項目に分けて整理している。そのうち主な点だけを紹介してみよう。

○検地竿の打ち方について

①検地竿は一丈二尺二分、一間は六尺一分、三〇〇歩を一反とする。
②田方で水不足のため畑に直したいと申出たときは、よく見分して代官の下知を受けること。
③除地の分は、検地のうえ別帳に記載すること。
④木陰になる田畑は、見分しだい木陰の分を差引くこと。
⑤一年作ぎりの鹿野畑（焼畑）は竿打しない。ただし見分の上連年作のようであれば検地をする。
⑥往還の道通りは、道際から一尺ほども見分しだいに除くこと。

○田畑の位付について

①田畑上中下の位付は、御公儀の損失にならぬように、また百姓の迷惑にもならぬようにする。
②田畑の上中下の位付は、古帳と照合し、実地を見分し、よく吟味して決定すること。
③一村の田畑の有り所を絵図面にかきあらわし、上中下の場所を引合わせ、よく吟味して位付ける。
④田畑屋敷とも分米付にするか、あるいは従前どうり取米付にするか、重ねて勘定所の下知をうけて決定する。分米付になったときのため、村ごとに石盛を勘定して別紙に記載しておく。

○検地帳の仕立方について

①帳面には間・尺だけを記し、八寸以上を尺に直すことは、その場所の見分しだいによる。
②野帳には先帳の間尺と上中下の位付および取米付を各筆ごとに肩書し、刈高であれば刈高を肩書する。
③古新田のほかに、近年の新田は別帳に仕立てる。

④川欠や荒地の分は、見分の上先帳を書き写しておく。

覚書の端々に清兵衛の百姓たちに対する配慮が感じられ、清兵衛としては単に増高・増租のためだけに検地を行おうとしていたのではなかったことがうかがえる。

右のような覚書とは別に村々にあてても三カ条の覚書を下し（たとえば白岩領砂子関村への「覚」『西川町史編集資料』第五号所収）、隠田などせずに正直に検地を受けることをも命じている。そのうえで検地役人と村役人の双方から起請文をとって検地の厳正を期したのである。百姓たちに対する慈悲心とは別に厳正な検地を実施しようとしたのであった。

総検地の実施順序は「最上記」によれば、寛文十一年（一六七一）にまず南部の山辺領から着手し、順次北上して、長瀞領を行い、次いで蔵増領二、三カ村を行ったところで十一年は終了し、翌寛文十二年より蔵増領などの残りの村々に始まって、寒河江領、白岩領、谷地領、楯岡領、そして最後に尾花沢領、延沢領、大石田領を行ったとする。今、残されている史料よりみると、確かに山之辺領より始まったようであり、たとえば同領杉下村（現東村山郡山辺町）は寛文十一年（一六七一）四月に検地が実施された（明和六年杉下村「村方差出明細帳」『山形市史編集資料』第九号所収）。次いで長崎領の一部村々で実施された。たとえば同領岡村（現東村山郡中山町）は同年六月に実施されている（『東村山郡史』巻之二）。長崎村など長崎領の残りの村々は翌寛文十二年（一六七二）に実施された。寒河江領村々は同年四月から閏六月までに実施されているし、谷地領村々も同年六月頃に実施された（『寒河江市史』中巻）。蔵増領の寺津村（現天童市）も同年に実施された（正徳四年六月「差上ケ申一札之事」『天童市史編集資料』第二十八号所収）。蔵増領の残りの九カ村は寛文十三年（一六七三）に実施された（『天童市史』中巻）。そのうち成生村（現天童市）は十三年五月に実施されている（「成生村検地帳」『天童市史編集資料』第二十八号所収）。白岩領村々も同年三月、四月、そして九月頃に実施されていた（『寒河江市史』中巻など。）また楯岡領の一部村々も寛文十三年に実施されており、同領の楯岡村本郷（現村山市）は同年六月に実施されている（「反取一件覚」『村山市史編集資料』第五号所収）。そして、楯岡村などに近い大淀村（現村山市）など大石田領の一部村々も寛文十三年に行われている（天明八年大淀村「村明細帳」『山形市史編集資料』第八号所収）。長瀞村（現東根市）など楯岡領の残り村々は延宝二年（一六七四）に実施された（『山形県史・村差出明細帳』）。そして、延沢領・大石田領は延宝二、三両年に実施された（同前）。しかし、松平清兵衛が延宝三年（一六七五）十一月に死去したので、支配地全村に検地を実施することができず、若干し残った村があったようである。

なお、庄内の大山領村々には寛文十一年（一六七一）に新田検地が実施された（同前書など）。

表6は、寒河江・長崎・谷地・白岩の四カ領の検地役人を示したものである。施行者（検地奉行）一名、帳付一名、竿取二名の四名が一グループとなり、少なくとも七つ以上のグループがあって、分担して検地を実施していったことが知られる。施行者を務めている河原久左衛門、滝五左衛門、岩付弥兵衛、阿部七郎左衛門、本間三右衛門、竹内兵右衛門、川井徳兵衛、大石勘左衛門の八名は代官松平清兵衛配下の手代

表6　寛文検地役人一覧

◎寒河江領・長崎領

	日付	村名	施行者	帳付	竿取
1	寛文12年4月15日	寒河江領本道寺	河原久左衛門	安西藤兵衛	高山庄太夫・天野四郎兵衛
2	4月16日	貫見	滝五左衛門	荒井伝左衛門	小嶋仁右衛門・廣木曾右衛門
3	4月21日	寒河江領沼山	河原久左衛門	安西藤兵衛	高山庄太夫・天野四郎兵衛
4	4月25日	清助新田	岩付弥兵衛	恩地才兵衛	真木左兵衛・渋谷八之助
5	4月28日	米沢	阿部七郎左衛門	岩井八兵衛	二木太郎兵衛・西塚長右衛門
6	4月28日	谷沢	河原久左衛門	安西藤兵衛	高山庄太夫・天野四郎兵衛
7	4月29日	中郷	本間三右衛門	有路八兵衛	木村長兵衛・横山又兵衛
8	5月1日	柴橋三ヶ村	滝五左衛門	荒井伝左衛門	小嶋仁右衛門・廣木曾右衛門
9	5月5日	高屋	竹内兵右衛門	梶河九兵衛	井上平七・水上庄次郎
10	5月7日	平塩	本間三右衛門	有路八兵衛	木村長兵衛・横山又兵衛
11	6月4日	八鍬	岩付弥兵衛	恩地才兵衛	真木左兵衛・渋谷八之助
12	6月22日	楯北	河原久左衛門	安西藤兵衛	天野四郎兵衛・高山庄太夫
13	6月22日 6月24日	楯南 楯南	河原久左衛門 岩付弥兵衛	安西藤兵衛 恩地才兵衛	天野四郎兵衛・高山庄太夫 青木太郎左衛門・菅原忠右衛門
14	閏6月15日	嶋	本間三右衛門	有路八兵衛	木村長兵衛・横山又兵衛

◎谷地領

15	寛永12年6月9日	小泉	滝五左衛門	荒井伝左衛門	小嶋仁右衛門・廣木曾右衛門
16	6月カ	松橋	大石勘左衛門	小野十兵衛	堀野五右衛門・飯野五兵衛
17	6月カ	工藤小路	竹内兵右衛門	梶河九兵衛	高橋権兵衛・井上平七
18	6月カ	新町	滝五左衛門	荒井伝左衛門	小嶋仁右衛門・廣木曾右衛門
19	6月カ	西里	阿部八郎左衛門	岩井八兵衛	二木太郎兵衛・西塚長右衛門

◎白岩領

20	寛文13年3月15日	留場	大石勘左衛門	堀五右衛門	青木太郎左衛門・鈴木六兵衛
21	3月18日	田代	大石勘左衛門	堀五右衛門	青木太郎左衛門・鈴木六兵衛
22	3月26日	宮内	河原久左衛門	真田次郎兵衛	天野四郎兵衛・岡田左次衛門
23	3月27日	柳之沢	竹内兵右衛門	飯野小兵衛	高橋伊兵衛・堀野権左衛門
24	3月29日	幸生	大石勘左衛門	堀五右衛門	青木太郎左衛門・鈴木六兵衛
25	4月3日	白岩	本間三右衛門	荒井伝左衛門	横山又兵衛・村田茂右衛門
26	4月5日	白岩本道寺	竹内兵右衛門	飯野小兵衛	堀野権左衛門・高橋伊兵衛
27	4月8日	砂子関	竹内兵右衛門	飯野小兵衛	堀野権左衛門・高橋伊兵衛
28	4月10日	大井沢	河原久左衛門	真田次郎兵衛	天野四郎兵衛・岡田左次衛門
29	4月11日	月山沢	竹内兵右衛門	飯野小兵衛	堀野権左衛門・高橋伊兵衛

（注）『寒河江市史』中巻による。

たちである。父清左衛門の時代から勤務している者もみられた。帳付、竿取は主に同心、書役、足軽などを中心とした人たちであろう。ただ、寛文十三年（一六七三）六月に実施された楯岡町（現村山市）の検地では、検地奉行が河原久左衛門、帳付は川井徳兵衛・本間三右衛門両名で（『山形県史』第二巻）、検地奉行も帳付二名も手代が勤めたのであった。

右のような総検地の結果、支配高は検地前の十一万一一四八石余から十二万〇六〇二石余へと九四五四石余の増高となった。大山領の高を含めると実高十三万二千石ほどになったのである。増高率八・六パーセントというのは、この種の検地としては一応抑えられた数字といってよいのではなかろうか。従来の一間六尺五寸から六尺一分に縮められて増歩となった反面、一年作ぎりの焼畑である鹿野畑を除外したり、蔭引《こさびき》を行ったりなどしたことによる。

さて、村山地方の土地制度はそれまではいわゆる石盛法による石高を基本とせず、年貢高に基づく斗代法の形がとられてきたのであったが、この度の寛文・延宝総検地によって村山天領にも初めて石盛法に基づく石高制が成立したのである。寛文十一年（一六七一）二月の「御検地ニ付被仰渡候覚書」の時点では、斗代法とするか石盛法による石高制とするか未定であったが、幕府・勘定所の指示で石盛法による石高制とすることになったのである。なお、庄内の大山領では、すでに庄内藩の元和九年（一六二三）の検地により石盛法による石高制が実施されていた。

とはいっても、この村山天領の石盛法・石高制は極めて形式的なものであった。すなわち、まず年貢高を確定し、それを各領ごとに定められた年貢率で除して石高を算定する方法を取っているからである。

その際、年貢率は各領の事情によって三種が適用された。まず、寒河江領・谷地領・白岩領のように、山形藩領時代の鳥居家の元和検地も保科家の寛永検地も実施されずに最上家以来の土地制度が行われてきた諸領である。このような諸領村々は免五ツ（租率五割）をもって石高を算定したのである。次に、鳥居家の元和検地は実施されたが、保科家の寛永検地を受けていない尾花沢領村々の場合は免四ツ二分五厘（租率四割二分五厘）をもって石高が算定された。最後に、山之辺領・長崎領・蔵増領・楯岡領・延沢領・大石田領のように元和検地・寛永検地とも実施されている各領村々の場合は免三ツ九分三厘（租率三割九分三厘）をもって石高が算定されている。

表7　従来の石高と不足高

領　名	従来の石高	不足高	不足高率
寒河江領	石 20,308	石 5,262	% 25.9
白 岩 領	8,021	2,304	28.7
谷 地 領	15,321	4,527	30.0

（注）『河北町の歴史』上巻による。

ところで、このようにして算定した各領の総石高を計算すると、従来算定していたよりも大幅に少なくなることになったのである（表7を参照）。たとえば谷地領の場合、従来の石高一万五三二一石に対し、四五二七石が不足することになり、不足高率は三〇パーセントに及ぶことになる。これは最上氏時代などに行われた年貢高を水増しする「増高」が広く存在してきたことによる。そのままでは総検地の結果、大幅に石高が減ずることになるが、それを避けるために松平清兵衛の指示で石盛を上げて従来の石高を維持するとともに、特に検地帳の末尾に断書を付して、その分は以後、「定引」にして年貢高を調整するというものであった。そのため、たとえば

表8　年貢割付状の発給者
（大山領）

年　　代	発給者
寛文9（1669）	清兵衛
同 10	〃
同 11	〃
同 12	清三郎
延宝1（1673）	清兵衛
同 2	清三郎
同 3	〃

（注）各村の年貢割付状より作成。

谷地領の前小路・荒町両村の上田石盛が三十二というように大変高い石盛となったのである（『山形県史』第二巻）。

白岩村（現寒河江市）の場合、検地により、新田の高九斗七升二合から高三石三斗四升に増加したが、本田は高三〇五七石五斗九升五合から高二四八九石一斗五升二合と五六八石四斗四升三合も減じている。同村は寛文十一年（一六七一）の時点で、「立下」の分が高三九七石余、川欠などの分が高二六五石余、合せて高六六二石七斗余が永引となっていたが、それよりも百石ほど少ないものの、それでも五六八石余も村高が大幅に減じたことが注目される。白岩村のように「増高」を解消するために、村高を減じて処理した村もあったことが知られるが、このような村は少なかったのであろう。白岩村が村高が大幅に減じたことから考えると、逆に大幅に村高が増加した村もあったことになろう。

ちなみに白岩村は寛文十三年（一六七三）に検地を行ったが、同年、および翌延宝二年には年貢取米の増加はみられなかった。延宝三年（一六五五）よりしばらくは年貢取米は増加の傾向がみられた（表2を参照）。『河北町の歴史・年表』でも、延宝三年に検地後の新税が賦課されたとする。

延宝九年（一六八一）の「寒河江領惣百姓」の訴状でも上納する年貢米が多くなったとしている（『西川町史編集資料』第十二号）。その結果、寒河江領楯北村（現寒河江市）では、次のように間もなく三名の潰

れ百姓が生じたのであり、

一、退転百姓彦作　高拾石三斗三升六合
一、同断与吉　跡高弐石九斗八升六合
一、同断藤左衛門　跡高五石三斗八升八合
　　合高拾八石六斗三升

と、三名の持高合せて十八石六斗三升が潰れ高となって、寒河江陣屋駐在の手代本馬（間）三右衛門に届出たところ、直ぐに代わりの百姓を取立てることをしなかったので、村上地となり村惣作とされて、年貢の不足分は村中で弁納することになったように（元禄二年「楯北村書上帳」『山形県史・村差出明細帳』）、天領村々の困窮化の一因となったとして、年貢負担の軽減と農民の救済を求めていたのである。

一部に右のような結果を招来したとはいえ、寛文・延宝の総検地により出羽天領でも小農民を中心とする近世的な村落を成立させる契機になったものと評価される。

検地と同時に寺社の除地の改めも行われたのであり、長崎村（現中山町）の円同寺は松平清兵衛に歎願して鳥居家時代より年貢地となっていた三反七畝歩の土地が除地にされたとする（『中山町史』上巻）。事実とすれば、庄内・大山村の道林寺の場合とは取扱いに差があったことになる。

松平清兵衛代官の時代のこととして、寛文十二年（一六七二）に幕府に命じられた河村瑞賢によって西廻り航路が刷新・整備されて、それより羽州天領の年貢米の江戸廻米が百姓直廻しとなったことが注目される。

父清左衛門の時の万治二年（一六五九）頃から羽州天領の年貢米も江戸商人などの商人請負によって年々江戸廻米されるようになっていたが、今度は商人請負ではなく、幕府代官所や大名預地役所の役人の指揮・監督のもと百姓たちの負担で江戸廻米されることになったのであり、以後幕末まで定法化されることになる。

百姓直廻しによって、それまでに比べて天領年貢米の江戸到着が早くなり、その分事故なども少なくなり、幕府の負担する経費も大幅に軽減されるなど、幕府にとっては大きなプラスとなったのであったが、反面上乗給米、江戸納名主の経費、欠米とその運賃など農民の負担が大幅に増大した。前出の延宝九年（一六八一）の寒河江領惣百姓の訴状や同年の漆山領惣百姓の訴状でも、百姓直廻し制による負担増加のことを具体的に述べて、もとの商人請負制に復帰することを歎願したが、もちろん許可されるところとならなかったのである。

同じ寛文十二年（一六七二）に松平清兵衛は最上川の各河岸より酒田湊までの川下げの運賃を定めた。御城米（天領年貢米）百俵につき六俵半から三俵半までと定めた（『大石田町史』上巻）。これも江戸廻米の百姓直廻し制の始まりと軌を一にするものであったといえる。

出羽天領の年貢米といえば、松前藩は幕府に出願し、寛文七年（一六六七）より四カ年にわたり、出羽国酒田湊で幕領米を一カ年三千石ずつ合せて一万二千石を借用した。また寛文九年（一六六九）六月に蝦夷地で起ったシャクシャインの蜂起に際し、幕府の命令で派兵した津軽藩に対し、翌一〇年に扶持米二三七石五斗（五百人で九十五日の分）をやはり酒田湊で引渡したが、どちらの場合も松平清兵衛が支配する天領の年貢米から引渡されたものとみられる。両方とも出羽天領が松前・蝦夷地に最も近い天領であるということが、出羽の年貢米が引渡されることになった第一の理由であったと考えられる。

松平清兵衛の時に、五分一金納とは別に石代金納の一種として夫食所払金納という制度が始まった。庄内・大山領の方では延宝二年（一六七四）の大凶作の直後に夫食米などに窮した村々が歎願して翌三年より始められたようであるが、村山天領では少なくとも寛文八年（一六六八）までには始まっていたとみられるが、定法化されるのはもう少し後のことかと思われる（拙稿「近世前半期村山幕領の石代金納」『山形県地域史研究』二四所収）。この夫食所払金納は名称はさまざまに唱えられたが、いったん村蔵に年貢米として納入されたうちから、年々一定量の年貢米が農民に払下げられ、その代金を翌年夏か秋頃に上納するものであり、代金の上納まで日数的にかなり余裕があったことから、村々では五分一金納以上に夫食所払金納の実施を歓迎したのである。

ところで、延沢銀山は寛文年間（一六六一—七三）には全く衰微したが、そのためか、延宝元年（一六七三）頃に延沢銀山に勤務していた諸役人が召放しとなったのである。御暇となったのは与力四人と同心五十人であった（正徳二年「銀山新畑村差出明細帳」『尾花沢市史資料』第五輯所収）。「御用手控集」（『西川町史編集資料』第十二号）という史料によれば、延宝元年のこととして特に朱書されて「尾華《(花)》沢御陣屋ニ而所々出張」とあるので、これも延沢陣屋が廃され、尾花沢陣屋に業務を移された意味であろうか。

延宝二年（一六七四）十月の長崎村（現中山町）で「寅ノ年川成改帳」が作成されたが、手代の竹内吉《(兵)》

右衛門・阿部七郎左衛門の改めであった(『中山町史・資料編』六)。

延宝三年(一六七五)正月に松平清兵衛の手代福永彦九郎、熊田吉兵衛、清水庄兵衛の三名より御城米の酒田川下げにつき酒田湊の大庄屋伊東家に来状があった(寛文八年四月「留書帳」『酒田市史・史料篇』三所収)。

松平清兵衛は羽州代官に就任して一〇年ほど経った延宝三年(一六七五)十一月二十八日(新暦延宝四年一月十三日)死去した。十一月下旬といえば、通常の年であれば秋に検見などの御用のために出羽の支配地に下り、まだ長瀞代官所に滞在していたはずである。しかし、前年延宝二年秋に楯岡町(現村山市)に検地を行う際に、清兵衛は病気だったので、代って嫡男の松平清三郎が代検地を行ったとするので(『村山市史編集資料』第五号)、すでに延宝二年中から病気で、そのまま江戸で病死したことが考えられる。数え六十一歳であった。延宝二寅年の砂子関村(現西川町)の「寅御年貢米納払目録」(皆済目録)は翌三年十月付で手代の竹内兵右衛門の名前で発給されているのも(『西川町史編集資料』第五号)、代官清兵衛の重病のための臨時的な措置だったとみられる。まだ総検地は完了しておらず、村山郡北部で一部残った村があったようであり、その点が一番の心残りであったかと思われる。

槙清哉著『地域史研究覚書』では、父清左衛門とともに松平清兵衛も名代官とされているのであり、その理由として、「検地の不足高の取り扱いを、石盛を高くしながらも、『定引』で貢租高を少なくしたという処理が喜ばれたからではなかろうか」と述べている。

父清左衛門と比べ、清兵衛については特に領民に歓迎されたという史料や記述はみられないように思われるが、年貢を引上げようとしなかったこと、総検地においても百姓たちに対する配慮も忘れていないこと、そして江戸廻米の一部を減じ夫食所払金納を許したこと、これらのことが農民たちに評価されたことは十分にありえたことと思われる。

松平清兵衛は出羽天領の支配のため支配地村々を何度か廻村したし、特に検地の時にはしばしば巡回した。当然寒河江領にも廻郷したが、その際、宿所は寒河江・南町の出張陣屋ではなく、同地十日市場の染屋佐藤長左衛門宅であった。そこは寒河江の町の南端で、眼下に沼川が流れ、遠く高瀬山の森が見え、はるか彼方に白鷹山を眺める絶景の場所であったという。佐藤家への御礼のため、寒河江・西ノ町の二の堰から用水を分離して、十日市場まで引き、佐藤家屋敷内に池を掘り、南側に赤松を植えた。その後、佐藤家は「代官染屋」として栄えたし、清兵衛が植えた赤松も近年まであったが、現在は二代目の松となっているという（『寒河江市史』中巻）。清兵衛が植えた赤松は同人宿所の「代官松」ということで、江戸時代の代官に関する遺跡として知られたものである（村上直「江戸幕府代官の遺跡に関する研究」『駒沢女子短期大学研究紀要』第四号所収）。

寛文・延宝の総検地で検地役人を努めた者のうち、滝五左衛門と小嶋仁右衛門両人の墓が今も寒河江の正覚寺にある（『寒河江市史』中巻）。滝五左衛門は手代であるが、小嶋仁右衛門は手代ではなく書役とか足軽であったかと思われる。もっとも、滝五左衛門は次の松平清三郎のもとでもしばらく手代を勤めていた。滝五左衛門といえば、寛永十九年（一六四二）九月頃、佐渡奉行所の留守居役の一人に同姓同名の者がいた（『新潟県史・史料編』九）。同一人とすれば、あるいは佐渡奉行所を辞した後、鉱山に関する技術者などという理由で松平清左衛門によって延沢銀山の再興のために迎えられた可能性も考えられよう。

四　三代松平清三郎

延宝三年（一六七五）十一月に死去した父松平清兵衛に代って嫡男の松平清三郎親安が家を継いだ。もちろん出羽・長瀞代官（現東根市）の職も引継いだのである。清三郎の略歴は『寛政重修諸家譜』（巻第四十一）にごく簡略に次のように記されている。

延宝三年十二月十一日遺跡を継、父に代りて御代官を勤む。元禄九年六月朔日職を辞し小普請となる。十年七月二十六日廩米を改め常陸国鹿島・行方両郡の中に於て采地五百石を賜ふ。十五年七月十一日死す。年六十。法名浄天。

没年の元禄十五年（一七〇二）から逆算すると、松平清三郎は寛永二十年（一六四三）の生まれとみられる。延宝三年（一六七五）十二月十一日に前月十一月二十八日に病死した父清兵衛の跡を継ぎ（廩米五百俵）、世襲代官の家柄であることから直ちに代官となった。当然ながら、父清兵衛の跡を引継ぎ出羽・長瀞代官に就任し、村山天領と庄内・大山領、合せて十三万石余りを支配することになったのである。数え三十三歳のことであった。

松平清三郎は正式に代官となる以前から父清兵衛を補佐しつつ、代官の見習ということもあって出羽天領の支配地に何度も来ていた。たとえば寛文六年（一六六六）といえば父清兵衛が祖父清左衛門の後を承けて遠州・中泉代官より羽州・延沢代官に転じた年であったが、中泉代官所での事務引継ぎなどの御用が繁多であったためか、清兵衛は新しい支配地となった出羽天領には大事な初年度であるにもかかわらず下向せず、代って嫡子である清三郎が下向したのであった。清兵衛はようやく翌七年七月に下向したという（「最上記」）。また寛文九年（一六六九）二月に天領となり直ちに清兵衛の支配に入った庄内・大山領一万石（二十三カ村）の場合、清兵衛の支配の寛文九年より延宝三年（一六七五）までの七カ年についてみると、年貢割付状の発給者の名前が清兵衛であるのが四度、清三郎であるのが三度であった。清三郎が発給者となった年は寛文十二年（一六七二）、延宝二年（一六七四）、同三年の三カ年であり（表7を参照）、延宝二年は病気のため清兵衛は出羽に下向しなかったし、翌三年は病死した年である。当然寛文十二年も何らかの事情で清兵衛が下向しなかった年だったのであろう。

また、寛文十一年（一六七一）より支配地村々に対し寛文・延宝の総検地が実施されたが、今のところ確認しえる「村差出明細帳」に検地の実施のことを明示している四十一カ村のうち、六カ村は検地を行った責任者として代官清兵衛でなく、清三郎の名前をあげている。事実、前述のように、延宝二年（一六七四）の楯岡町（現村山市）の検地も、病気の清兵衛に代って清三郎が代検地を行ったのであった。総検地の時も父清兵衛よりは嫡子清三郎が陣頭指揮にあたったのかとも思われる。父清兵衛が支配地に下向しなかった年が何度かあったのか、たとえば庄内・大山領柳原新田村（現鶴岡市）の場合、寛文十一年の新田検地帳には、わざわざ「松平清三郎御代官所」と記しているほどである（『傷寒雜肋篇』鶴岡市平田・五十嵐家文書）。清兵衛に代って清三郎がすでに正式の代官に就任しているものと誤解したのであろう。

松平清三郎は父清兵衛の病死後、正式の代官に就任してからも、清兵衛の代にし残した村々に対し検地を継続し、ようやく延宝四年（一六七六）四月に総検地を完了したのであった（『山形県史』第二巻）。

そして延宝三年（一六七五）頃より総検地後の新税を賦課したという（『河北町の歴史・年表』）。松平清三郎の指示によるものであろう。事実、白岩村（現寒河江市）では延宝三年より年貢取米が増加している（表2を参照）。

「最上記」には、松平清三郎時代の手代について次のような名前を挙げている。

御取〆《（締）》頭・御子息彦太夫、清水庄兵衛息小左衛門、川井徳兵衛（元締役ニ而頭、寒河江手代）、熊田吉兵衛（途中で在所へ引込）、跡役阿部七右衛門、川原久左衛門、子息久太夫、大石勘左衛門、子息八左衛門、本間三右左衛門、名跡三郎兵衛、山岡忠兵衛、子息忠右衛門、（岩附弥兵衛）、苗《岩附》与右衛門、阿部七郎右衛門（元〆）、用人猪野勘助、樽名九左衛門、阿部喜兵衛、子息七郎右衛門、安右衛門、竹内兵右衛門、同兵太夫、赤塚喜左衛門、滝嘉兵衛、名跡文右衛門（庄内御勤之節死去）、川草《（原カ）》安兵衛（今ハ寒河江町人）、木村助右衛門、河草《（原カ）》武兵衛（安兵衛の弟）

江戸御屋敷本〆衆

高橋又兵衛、下河邊孫助、杉本新右衛門、片岡四郎左衛門、戸田源右衛門、大石勘四郎、市岡徳左衛門、同九兵衛、同庄九郎、高橋藤助、白井伊兵衛、同九兵衛、杉本新之丞、大谷弥三郎

そのうち、本間三右衛門、本間三郎兵衛、三井徳兵衛、岩村弥兵衛が寒河江陣屋に順次駐在したとする。単純に数えれば、国元出羽に二十九名、江戸に十四名の手代が勤務していたことになる。実際には父親が隠居して子供が代わりに勤務することになった場合もあったろう。逆に滝五左衛門など名前の見えない者もある。惣じて後年の代官に比べて手代が多かったといえる。祖父清左衛門の時代からの手代も数名みられる。熊田吉兵衛が途中で辞して在所へ引込んだとしたり、川草《（原カ）》安兵衛が今は寒河江町人となっているとしているように、地元から採用している者も結構いたのであろう。注目されるのは清三郎の子彦太夫なる者が取〆《（締）》頭を勤めたとすることである。彦太夫なる者は『寛政重修諸家譜』には名前が見当らないようであるが、ともかく、江戸に滞在することの多い清三郎に代わり、彦太夫が延沢代官所に常駐して、手代たちの監督に当ったものと思われる。

延宝六年（一六七八）より松平清三郎は支配地村々に対して、徴租法を厘取から反取に変更した。石高から反別に賦課基準が変わることになった。この変更は直ちに増租とはならなかったようである。なお、何故か庄内・大山領村々は厘取のままであった。

延宝七年（一六七九）十二月に幕府勘定奉行連名で松平清三郎など出羽代官三名にあて、出羽天領年貢

米の江戸廻米全般について申渡した（『山形県史（旧版）』巻二）。翌延宝八年四月十八日付で清三郎支配下の大山領年貢米七三〇石八升を江戸廻米する際の送状が残されており、酒田湊出役の手代とみられる山岡八郎右衛門・清水半右衛門両人より江戸に出張していたとみられる阿部七郎左衛門・高橋与兵衛両人あてになっている（『福井県史・資料編』三）。

村山天領の年貢米の江戸廻米は原則として川船を利用して最上川を酒田湊まで積下し、いったん同地の御米置場（瑞賢倉）に搬入し野積して、海船が到着すると年貢米を積込み、西廻り航路により江戸に送られることになるが、最上川の川下げの際の川船での事故があって、年貢米が川に流されたりした際の弁済規定が松平清三郎の指示により延宝四年（一六七六）に定められたが、損害の三分一を船頭が、残り三分二を百姓が弁済することになった（長井政太郎『大石田町誌』）。それ以前はすべて幕府の負担であったので（『寒河江市史』中巻）、百姓たちの負担が増加することになる。

庄内・大山領の大山村（現鶴岡市）には無反別である地無高が多数あって、寛文八年（一六六八）までの大山藩時代には引高として年貢賦課が免除されていたが、寛文九年に天領となり、延宝六年（一六七八）となって地無高の分へも年貢が賦課されることになったので、村方で弁納にしたとする（寛延三年六月「差上申一札之事」、田中政徳『郷政録』所収）。勘定所の指示があったものか。

前にも少し述べたが、大山村の法華宗道林寺は大山藩主酒井備中守忠解の菩提寺となったが、その際寺域を拡げて忠解の墓所にあてたのであった。ところが、この分は年貢が免除される除地ではなく、田畑同様に年貢が賦課される年貢地であった。道林寺は墓所の分の年貢を年々負担しなければならなかった。そこで忠解の生母清領院や旧家臣たちは大山村に出張陣屋を置く支配代官松平清三郎に除地としてくれるように歎願をしたが、清三郎よりは「私之計」はできないというようにはかばかしい返事をもらえなかったので、道林寺の本寺である越後国三条の本成寺を通じて幕府老中久世大和守広之に歎願した。久世広之はその歎願を受け、近いうちに清三郎から事情を聞いてみようということであったが、その約束を果さないまま久世広之は延宝七年六月に死去したことから、清領院らの歎願は結局実を結ばなかったのである。その後も支配代官に対し何度か歎願がされた。しかし、右の除地の件は結局幕末まで実現できなかったのである（拙著『酒井備中守忠解と大山藩』）。

延宝九年（天和元年、一六八一）三月に寒河江領惣百姓の名前で松平清三郎あてに十三カ条に及ぶ訴状が提出された。検地による年貢負担の増大ばかりでなく、年貢米の江戸廻米における百姓直廻し制の開始も百姓の負担を増大をもたらしており、そのため百姓たちが困窮しているとして、負担の軽減を求めているのである。すでに一代官がどうこうできることではなく、百姓たちの願いは聞き届けられなかったはずである。なお、ほぼ同時に漆山領の百姓たちよりもほとんど同じ内容の訴状が幕府巡見使に提出されたた（『山形県史・近世史料』三）。

谷地領では天和元年（一六八一）に、切支丹宗門改めにつき遺漏のないように取計う旨、惣百姓連印の書付を松平清三郎の手代福永彦九郎、熊田吉兵衛あてに提出した（『河北町の歴史』上巻）。同年二月に幕府は総代官の年貢未進の検査を命じたので（『徳川実紀』第五篇）、清三郎も村々の年貢未進の調査などを実施したことであろう。また、同年、幕府は全国に酒株の調査を命じたので、清三郎も支配地の酒造株を調査したことであろう。同年八月に庄内の大山村（現鶴岡市）で新田検地が行われたが、滝五左衛門、山岡八郎右衛門の両人が担当した（国立史料館・大山村大滝家文書）。同年十一月に砂子関村（現西川町）は木の実が大凶作のため上納ができない旨の手形を清三郎をあてに提出していたようである（『西川町史編集資料』第五号）。

天和二年（一六八二）に庄内の大山領千安京田村（現鶴岡市）で新田検地が行われたが、手代の滝五左衛門・山岡忠右衛門の両人が担当した（文政四年「千安京田村御水帳」）。同年の大山領友江村（現鶴岡市）の年貢割付状ではいったん大山役所の方で決めた年貢取米一六六石七斗二升六合のほかに米六石三升六合が幕府・勘定所の改めで増石となった（「年貢割付状」）。この頃になると、年貢取米は代官の一存ばかりでは決められず、幕府・勘定所が直接的に関与するようになってきたことがうかがえる。また勘定所が清三郎の年貢査定のやり方に不満を感じていたことも考えられる。この年、幸生村（現寒河江市）の名主才三郎が見立て、大坂の泉屋（住友）吉左衛門が金主となって幸生銅山の採掘が始まった（『西川町史年表』）。清三郎も大いに期待したことであろう。

天和二年（一六八二）、三年両年の松平清三郎支配下の延沢・大山両領年貢米の江戸廻米史料（「延沢・大山領御年貢米江戸廻御城米納方并万入用帳」明治大学刑事博物館文書）が残されている。延沢領とあるが、延沢代官所付きの村山天領全体を指している。天和二年には、延沢領が二万五六四五石七升、大山領が五一三四石九斗三升、年貢米は合せて米三万〇七八〇石であり、それに欠米一六六三石五斗八升四合が加わり、合計三万二四四三石五斗八升四合であったし、天和三年には延沢領が二万五〇六三石一斗二升四合、大山領四〇〇六石八斗七升六合、年貢米は合せて二万九〇七〇石であり、それに欠米一五七一石三斗五升一合が加わり、合計三万〇六四一石三斗五升一合であった。天和三年がやや少なくなっていた。天和三年の場合、これを海船四十五艘に積み入れ江戸に廻米した。そのため上乗として四十五名が支配地村々より選ばれ、海船に乗船し年貢米や乗員の監視にあたった。また、江戸に到着した年貢米を浅草御蔵に納入するために手代と納名主が出張した。監督として出張した手代は阿部宇兵衛・本間三郎兵衛の両人であった。三郎兵衛は長らく手代を勤めて延宝五年（一六七七）八月に死去した本間三右衛門の後嗣であるが、実子ではなかったようである（「最上記」）。納名主として出張したのは、村山天領から二名、庄内・大山領から一名、合せて三名であった。

天和三年（一六八三）九月十六日に、松平清三郎の大山陣屋駐在の手代山岡忠右衛門・川原何右衛門両人より庄内藩鶴岡町奉行を通じて鶴ケ岡大庄屋の方に鶴岡町新米値段についての問合せがあったので、同城下三日町の米屋より米値段を聞合せて回答したのである（『鶴ケ岡大庄屋川上記』上巻）。これは夫食所払金納などの石代値段を決める際の参考にするためであり、これ以後大山陣屋の方より毎年のように問合せが行われた。最寄りの町場の米値段を参考にして決めたのであり、村山天領でも山形、寒河江などの米値段を問合せたものであろう。

天和三年（一六八三）二月に、清三郎支配下の白岩領の志津村（現西川町）は、湯殿山参詣の新道（高清水通り）を切開いた件で本道寺村（同町）を相手に訴訟を起したが、幕府評定所の裁許により敗訴となった（『西川町史年表』）。数年後の元禄二年（一六八九）二月にも本道寺村の農民たちの駄賃稼ぎが迷惑であるとして志津村が訴状を提出した（『西川町史編集資料』第五号）。

谷地領新町村（現河北町）の天和二年（一六八二）度の「戌納米払勘定目録」は翌三年十二月付で下付されたが、手代川井徳兵衛の発給であった（『山形県史・近世史料』三）。五分一金納、夫食延金払（夫食所払金納）が行われていたことが知られる。

やはり新町村は「御仕置五人組帳」を天和四年（一六八四）一月に松平清三郎あてに提出した（同前）。新町村ばかりでなく、支配下村々全体でのことだったのであろう。同年に大山領・角田二口村（現東田川郡三川町）で宗旨改書が作成された（鶴岡市郷土資料館二口文書）。

貞享二年「寒河江本郷書上げ帳」（『寒河江市史編纂叢書』第十二集）も古い村明細帳の一つであるが、その中に、当時の寒河江陣屋についての記載がみられる。一部が楯南村にも属したが、陣屋について、

屋敷四町四畝廿八歩

弐畝拾歩　御蔵屋敷

内九畝弐歩　御陣家屋敷

四畝拾五歩　籠（牢）屋敷

とあり、屋敷の分の三分一強にあたる一反五畝二十七歩が陣屋屋敷にあてられている。そのほか、下南町、西町にも及んでおり、寒河江本陣全体では反別が三反歩とかなり広い場所を占めていた。遠江国横須賀藩（五万石）の藩主本多越前守利長は領内の政治よろしからずとして所領を収公され、出羽国村山藩一万石（現村山市）に移されたので、松平清三郎の支配地より一万石が引渡された。また貞享二年（一六八五）九月に山形藩主が奥平美作守昌章（九万石）から堀田下総守正仲（十万石）に交代したので、やはり一万石が清三郎の支配地より引渡された（『東村山郡史』巻之二）。右のように二度の私領渡しで松平清三郎の支配高は十一万数千石ほどに減じた。そして貞享四年（一六八七）十月に、幕府は新たに太田半左衛門を寒河江代官に任じて寒河江代官所を設置したのであり、松平清三郎の支配地から三万五千石余を割き、寒河江代官所の支配地とした（『編年西村山郡史』巻之四）。そのため、清三郎の支配地は八万石余に減じた（『最上記』）。出羽代官は三名となったのである。ところが、太田半左衛門は翌元禄元年（一六八八）秋に江戸で死去したので、寒河江代官は交代し、小野朝之丞が就任する。

　貞享四年（一六八七）六月、幕府は勘定組頭に代官全員の会計の査検を命じた（『徳川実紀』第五篇）。当然、松平清三郎の年貢勘定も調査されたことであろう。未進などはなかったはずである。同年八月には、関西の代官に金二百両ずつ、関東の代官に金百両ずつの恩貸が許されたので（同前）、清三郎も金百両を拝借したことであろう。

幕府は貞享四年（一六八七）一月に生類憐み令を出したが、それとの関連があろうが、同年に幕府は諸国の鉄砲の改めを命じたので（塚本学『生類をめぐる政治』）、松平清三郎の支配地村々でも在村鉄砲の改めが行われたことであろう。なお、庄内藩でも同年十二月に領内の鉄砲改めを行ったし（『鶴ケ岡大庄屋・川上記』下巻）、同藩の預地である由利領などに対しても翌元禄元年（一六八八）三月頃に行われたようである（同前）。

貞享四年（一六八七）三月に由利郡天領で争論が起ったので、松平清三郎の手代高橋与兵衛が論所の見分のため由利郡に赴いたので、庄内藩主酒井忠真より白銀三枚が与えられた（『雞肋編』下巻）。

寒河江・楯北村（現寒河江市）では貞享四年より小物成として市見世役、青苧荷役、鳥取役が課されたようである（『寒河江市史』中巻）。在郷町として発達が著しかったのであろう。

大山村の六明新田の検地が貞享四年（一六八七）九月に行われたが、大山陣屋駐在の手代の山岡忠右衛門・河原安兵衛が担当した（国立史料館・大山村大滝家文書）。

貞享四年といえば庄内はウンカによる大凶作の年であり、庄内藩では夫食などのため貸米・貸金を行って飢民の救済に努めたが、松平清三郎支配の大山領では何らの救済もなく領民は大変難儀したのであったが、山野や河川より喰い物を得て多くの者は何とか凌いだので、それほど餓死者は出なかったという（『雞肋編』下巻）。清三郎の支配に何か問題があったことを示すものではなかろうか。

元禄元年（一六八八）八月に庄内・面野山村の農民二十一名が湯野浜村（いずれも現鶴岡市）分の草野

谷地をめぐって大山陣屋の手代河原安兵衛・山岡忠右衛門両人に手形を差出した（「差上申手形之事」鶴岡市郷土資料館・湯野浜地区文書）。同年十月に大清水村（現天童市）で「切支丹並類族生死帳」が作成された（『天童市史編集資料』第三十二号）。清三郎の祖父清左衛門の時の慶安二年（一六四九）に牢死した五郎左衛門という切支丹がいたことから、牢死後四〇年経ってもこのような「切支丹並類族生死帳」が作成されていたのである。

松平清三郎は延宝三年（一六七五）十二月十一日に正式に代官となり、それ以来十五カ年羽州・長瀞代官として村山天領および庄内・大山領を支配してきたが、五代将軍綱吉の「天和の治」における天領支配の改革の一環として、元禄二年（一六八九）五月頃に関東支配の代官に転出となった。当初の支配高は、父清兵衛の跡を承けて高十三万数千石に及んだが、二度の私領渡しや支配地の一部を割いての寒河江代官所の創設により、貞享四年（一六八七）冬には高八万八百石余まで減じたのである（「最上記」）。それだけ出羽天領における松平家の役割が減じつつあったことになるが、それでも他の幕府代官や大名預地に比べて、松平家の支配高は圧倒的であり、なお羽州天領支配における松平家の比重の重さは否定できないところであった。それだけに松平家の存在は、出羽天領での天領改革を行ううえで、障害と考えられた可能性がある。清三郎の支配にはいろいろ問題があり、勘定所の評価もそれほどでもなかったとみられる。それでも目立った失政や年貢引負もなかった清三郎にとって、関東代官への転出は、形のうえでは栄転であっても、内実は大いに不満だったのではなかろうか。ともかく、松平清三郎の関東代官転出により、祖父清左衛門、父清兵衛、そして清三郎と、三代五十年近く行われた世襲代官松平家による出羽天領の支配は終焉を迎えたのであった。以後、原則として代官は数年程度で交代する形に変って行くことになる。

松平清三郎は、祖父清左衛門、父清兵衛に比べると特に目立った事績というべきものはあまりないようである。ただ、『西川町史』（上巻）では、寛永十年代に起った白岩騒動の供養塔が清三郎の時に白岩村誓願寺に建立できたのも、清三郎の白岩領民に対する慈悲心によるものとみている。

ところで、元禄二年の大山領角田二口村（現三川町）の「村差出帳」（村差出明細帳）には、

松平清三郎御代官所

永田作太夫様御交代之節

とあり、この時の代官交代に際して作成されたもので、庄内では一番古い村明細帳となっている。

さて、元禄二年（一六八九）夏に関東代官に転じた松平清三郎であるが、支配高はやはり八万石ほどであり、支配地は武蔵国が中心であったが、一部下総にもあった。

元禄二年五月頃に関東の支配地村々では村明細帳が作成され、清三郎や同人役所あてに提出された（東京都教育委員会『東京都古文書（村明細帳）調査報告』、小野文雄教授退官記念出版『武蔵国村明細帳集成』）。松平清三郎は村明細帳の作成や提出に熱意を示したようである。

翌三年以後、支配地村々で新田などの検地を広範に実施した。特に元禄七年（一六九四）には細井九左衛門・近山与左衛門両代官の支配地である武蔵国足立・埼玉両郡村々に対して、松平清三郎は古郡文右衛

門とともに三月初めより五月末までほぼ三カ月の間検地を実施した（『町田市史史料集』第五集）。もっとも、元禄八年（一六九五）より関東天領で総検地が実施されたのであり、当然清三郎も支配地などに検地を実施したはずであるが、今のところ、この総検地に従事したという史料は見当らないようである。

松平清三郎は関東代官として精勤し、年貢引負などもなかったようであるが、元禄九年（一六九六）六月朔日に代官を辞し小普請となった。延宝三年（一六七五）十二月に代官に就任して以来、二十年余り幕府代官の職にあったことになる。数え五十四歳であった。病身であったものか。それとも世襲代官の家柄のゆえに代官の職を取上げられることになったものか。

松平清三郎の嫡子五郎左衛門安永は、すでに元禄六年（一六九三）に大番組に勤仕していたし、その後も大番組のままであった。清三郎の後に、松平家から代官を勤める者は出なかったのである。そのため曾祖父清蔵親宅（念誓）以来、四世代にわたって世襲されてきた代官の職であったが、清三郎をもって終焉となったのであった。

幕府は廩米支給の幕臣を対象にいわゆる「元禄地方直し」を行ったが、その一環として松平清三郎も元禄十年（一六九七）七月に廩米五百俵に代えて、常陸国（現茨城県）の鹿島・行方両郡のうちで知行五百石を賜った。知行地は、現在の大洋村、鹿島町などに所属する七カ村にあったとみられる（木村礎校訂『旧高旧領取調帳・関東編』）。この知行地は明治維新期まで松平家に相伝されたようである。

代官を辞して小普請となったが、六年後の元禄十五年（一七〇二）七月十一日、六十歳で死去した。

第三章　漆山領の歴代代官

一　初代代官佐野平兵衛

寛文八年（一六六八）八月に山形藩主が交代したことに際し、新たな天領として漆山領三万石が成立した。十五万石だった松平（奥平）忠弘が宇都宮に転じ、代って宇都宮で十一万の藩主であった奥平昌能が二万石減じて九万石で山形に入部したのである。この減封は家臣が殉死の禁を犯したためであった。これにより山形藩領は六万石を減じてそのうち三万石は宇都宮に転じた松平忠弘の飛地領となったので、残りの三万石が漆山領として天領となったのである。

この漆山領三万石は、それまで村山天領を一括して支配していた松平清兵衛代官の支配とはならず、新たに漆山代官所を設置し、別箇に代官を任命したのである。これにより村山天領の支配は、長瀞代官と漆山代官と二分されることになったのである。次いで、貞享四年（一六八七）に寒河江代官所が新設され、松平清三郎代官（清兵衛の子）の支配地の一部が割かれて寒河江代官所付きとなったように、村山天領に対する世襲代官松平家の独占的な支配は次第に崩されていったのであるが、その第一歩となったのが寛文八年の漆山代官所の創設であったということになる。

漆山代官所の初代代官に就任したのが佐野平兵衛正勝であった。『寛政重修諸家譜』（巻八五三）によれば、「寛永十八年十二月四日遺跡を継、御代官を勤め……」とあるように、寛永十八年（一六四一）十二月に遺跡を継いで、直ちに代官職に就いたのである。家禄二百俵であった。同家譜によれば、佐野平兵衛正勝の曽祖父兵右衛門正吉、祖父左近正世とも甲州武田氏の重臣の穴山梅雪に仕えていたが、武田氏の滅亡後に甲斐国が徳川氏の領有となると、父の平兵衛正重は徳川家康に仕えることになったのである。平兵衛正重は慶長十二年（一六〇七）頃に駿河町奉行兼駿州代官井出志摩守正次の手代代官を勤めていたが、正次が慶長十四年（一六〇九）二月に死去すると、平兵衛正重は駿州・伊豆を支配する正式な代官になったのである（関根省治「初期代官の地方支配」『地方史研究』第一八二号）。『寛政重修諸家譜』にも、

慶長十四年伊豆国の代官職となり、廩米二百俵をたまひ……

とあり、伊豆国天領を支配する独立の代官となって廩米二百俵を賜ったのであった。確かに伊豆国三島代官（現静岡県三島市）に慶長十四年より元和六年（一六二〇）まで在職した（『静岡県史料』第一輯）。慶長十九年十月といえば大坂冬の陣が始まったのと同じ月ということになるが、伊達政宗の訴えにより、豊臣家よりの政宗への使者和久半左衛門宗成が捕えられたが、江戸に送ることになって、それに先立ち三島

代官の井出藤左衛門正信と佐野平兵衛正重両人に預けられて取調べを命じられるということがあった（『徳川実紀』第一篇）。また元和四年（一六一八）に伊豆諸島の検地が行われたが、平兵衛正重も担当代官三名のうちの一人であった（段木一行『離島伊豆七島の歴史』）。

佐野平兵衛吉正のこととして、寛永十年（一六三三）に伊豆代官より伊勢国四日市代官に転任し、寛永十七年まで在任し、その後は子の平十郎正勝が四日市代官を勤めたとするが（和泉清司『徳川幕府成立過程の基礎的研究』）、平兵衛吉正ではなく平兵衛正重が正しいと思われる。支配高は三万石弱であった。

父の平兵衛正重が死去したのは寛永十八年（一六四一）のことで、子の佐野平兵衛正勝が家督に就いたのが同年十二月のことであるが、すでにその前年に四日市代官に就任していたことも考えられる。なお、正勝は初め平十郎と称し、後に平兵衛に改めた。平兵衛正勝の生年は不明であるが、すでに代官を務めるようになっていたことから、寛永十八年に一応二十五歳〜三十五歳程度と推測しておきたい。平兵衛正勝は四日市代官のまま寛永十九年頃には近江代官も務めたようである（和泉清司「『勘定頭』伊奈忠治について」『日本海地域史研究』第十三輯）。慶安四年（一六五一）頃には引続き伊勢代官とともに、関東の代官を務めていたようである（大野瑞男「江戸幕府財政の成立」、北島正元編『幕藩制国家成立過程の研究』）。

そして、平兵衛正勝は寛文八年（一六六八）秋の漆山代官所の新設に伴い、初代の漆山代官に就任したのである。すでに代官在職が二十七、八年にも及んでいるベテランの代官であり、年齢も五、六十歳代ぐらいにはなっていたと推測される。その点を考えると、漆山領は三万石にすぎなかったので、他に支配地があったことも考えられる。たとえば年代は少し後のことになるが、延宝八年の「江戸鑑」（『古事類苑・官位部』三）によれば勢州代官として佐野平十郎の名前があげられているし、天和元年の武鑑（橋本博編『大武鑑』）には駿州代官として佐野平兵衛の名前があるので、漆山代官とともに、伊勢代官とか駿州代官とかを兼ねていた可能性がある。

さて漆山領には、「最上記」（『尾花沢市史資料』第十一輯）では、代官所の置かれる漆山村（現山形市）以下、次のような二十四カ村が所属したという。

漆山村　千寿堂村《（手）》　高擶村　灰塚村　内表村　成生村　中野門伝　七浦村　鮨洗村　中野村　上荻戸《（野）》　下荻戸《（野）》　東山村　高野村　十文字村　大森村　山寺村　荒谷村　羽我村《（芳賀）》　今宿村　奈良沢　渋江村　羽我門田《（芳賀）》　土生田村　〆弐拾四ヶ村

もっとも東山村は上東山、下東山の二村（現山形市）に、奈良沢村の枝郷原町村の分郷下原町村（現天童市）も一村として取扱われているので、実際には二十六カ村であったといえる。石高は正しくは三万七九一石余であった（「最上記」）。

漆山領は寛文八年十月に、山形藩主だった松平下総守忠弘の方より佐野代官の方に引渡された。山口村「諸事覚書」（『天童市史編集資料』第三十六号）では、その際立会った佐野代官配下の手代として、

佐野平兵衛様御（手）代

塩川三郎右衛門

同　山崎三　之　丞

同　　寄武　久左衛門

という名前をあげている。右の三人が領地とともに帳簿・文書類を受取ったのである。ただ、三名のうち寄武久左衛門は他の史料などから判断して、正しくは室伏久左衛門であったとみられる。同じ月に、上荻野戸村（現天童市）では薪取りが許可される代わりに御役かやとして山寺山より刈取る萱千八百把を上納する旨の一札を佐野代官あてに提出している（『天童市史編集資料』第十九号）。この萱はおそらく漆山代官所の屋根の葺替えに使われるものとみられる。

代官所といえば、漆山代官所が建設されるのは延宝五年（一六七七）のことのようで、佐野代官の時はおそらく民家などを借用して仮陣屋としていたものと推測される。

奈良沢村の枝郷原町村（現天童市）は、寛文八年に分郷になり、上原町村は東根領（宇都宮藩領）に、下原町村は漆山領に所属することになったので、翌寛文九年十月に、漆山代官所と宇都宮藩の双方の役人が立会い、奈良沢山の小物成場の分割と小物成負担の割合を定めているが、この際にも佐野代官の方では塩川三郎右衛門、山崎三之丞、室伏久左衛門の三名の手代が立ち会っていた（「小物成並御林山野草野割分之覚」『天童市史編集資料』第十八号）。

同じ寛文九年（一六六九）のことかとみられるが、山形藩領時代から課されていたところの高百石につき米五俵ずつの夫米を中止し、六尺給米の賦課に切替えられることを求めて大庄屋・庄屋たちが江戸に登り訴願したことによって叶えられた形で、いったん寛文十年（一六七〇）に六尺給米を課されるようになったのに、訴願は結局聞届けられなかったとして、翌十一年以降再び夫米が賦課されるようになったのである（「漆山御領三万石惣百姓訴状」『山形県史・近世史料』3）。その後も漆山領村々は佐野代官はもちろん後任の代官たちに訴願を継続するが、延宝八年（一六八〇）までは聞届けられなかったのである。訴願といえば、郷蔵や橋などを建直し・架直したり、あるいは修理したりするとき、以前私領時代は御林より材木を下付されたのに、天領となって村々が購入することになったのである。そこで村々はやはり、以前のとおり御林より下付してほしいと歎願していたが、これも容易に聞届けられなかったのである。

村山天領では、支配代官である松平清兵衛と佐野代官により、寛文十一年（一六七一）から数カ年を費して各支配地で総検地が実施された。漆山領は三万石で村数二十数カ村と少なかったので、寛文十三年までの三カ年で完了した。表1は、判明する各村の検地年を示したものである。寛文十二年がもっとも多かった。なお、『山形県史』（第二巻）、『村山市史・近世編』などでは、漆山領の検地は村数が少なかったので寛文十一・十二両年で完了したとしているが、今のところ上荻野戸村など四カ村は寛文十三年（延宝元年）に検地が実施されたようである。

五カ村の分だけであるが、検地役人として各村とも表2のように四名の名前が検地帳に記されている。責任者二名と竿取二名であった。その他にも帳付などの掛りもいたはずである。手代のうち一人が帳付を担当したものか。責任者は手代であり、竿取は侍や足軽などが勤めたとみられる。責任者として室伏久左

表１　漆山領村々の検地実施年

年　次	村　名
寛文11年	七浦、蔵増、門伝（蔵増門伝カ）
同 12年	高擶、荒谷、山寺、高野、十文字、大森、上東山、下東山、土生田、清池、内表、鮨洗
同 13年	上荻野戸、下荻野戸、芳賀、下原町

表２　漆山領の検地役人

年　月	村　名	責任者（手代）	竿　取
寛文12.7	土生田	室伏　久左衛門 青山　半右衛門	秋場　安右衛門 谷川　市右衛門
同 12.8	清池	宝《(室カ)》伏　惣右衛門 関口　彦兵衛	軍司　所左衛門 増子　七右衛門
同 12.8	高擶	室伏　久左衛門 青山　半右衛門	山本　半兵衛 谷河　市右衛門
同 13.4	下原町	平井　久右衛門 関口　彦兵衛	山本　半兵衛 増子　七右衛門
同 13.7	下荻野戸	平井　久右衛門 関口　彦兵衛	谷河　市右衛門 増子　七右衛門

衛門、青山半右衛門、宝《(室)》伏惣右衛門、関口彦兵衛、平井久右衛門の名前があるので、これらは漆山代官所付きの手代であったと推測される。

　この総検地により漆山領でも、山形藩領時代以来の斗代取米法が中止され、石盛法に基づく石高制に改められたのである。漆山領村々の検地帳奥書には、佐野代官の名前で、幕府勘定所の指示により年貢取米を平均租率である三ッ九分三厘（三九・三パーセント）で除して、石高を出したと明記されている（「手控」『山形市史編集資料』第二二号）。つまり、石盛法（石高制）になったとはいえ、まず年貢取米を確定し、それをあらかじめ定めている平均免により逆算して石高を算定したのであり、極めて形式的な石盛法（石高制）であったといえる。反別の改めは行っても生産高の改めは行わなかったのである。しかも、平均免が三ッ九分三厘と低く目に設定されたのは鳥居家の元和検地、保科家の寛永検地と二度の検地が行われたことによるが、その分石盛は高く算定されることになる。石盛と実際の反収との乖離は一層大きくなるわけである。事実、たとえば土生田村（現村山市）の田方の石盛は上田二十五、中田二十三、下田二十、下々田十七となっていた（『村山市史・近世編』）。その割に畑方の石盛は低かった（上畑で六）。庄内藩領での上田十五と比べてみても、村山地方の石盛の高さが知られる。

寛文十一年よりの総検地は単に斗代取米法を石盛法に基づく石高制に代えたというばかりでなく、当然ながら増租を伴ったのである。「漆山御料御代官記」（『山形県史資料篇』四）や「漆山県令編年記」（『山形市史編集資料』第二二号）にも、古検地の棹は六尺五寸であったのに、今度の新検地では六尺であったと記している。寛文十三年に検地が実施された下荻野戸村の場合も六尺竿が使用されたとする（「下荻野戸村差出明細帳」『天童市史編集資料』第二号）。本田の改めのほかに新田検地も行われたが、下荻野戸村の高二石一斗余の新田もこの時に高入れされたものかと推測される。

延宝九年（天和元年、一六八一）五月の「漆山御領三万石惣百姓訴状」でも右のような検地の様子について述べて、結果として高二千石余の「出目」が生じたとする。厳密には二四一〇石ほどの増石であったと推定される。特に土生田村の場合、村高が、保科家による寛永検地の一六三六石余から二〇七四石余に増加したのである（『山形県史』第二巻）。一村だけで高四三八石ほども増加したのである。検地後、漆山領の石高は三万三千二百石ほどになった。

総検地は直接には村高の増加となり、村々の年貢諸役を増加させたが、同時に種々の旧制度・慣行の改変を伴っており、その点でも負担増となったのである。まず、数十年に及んで行われてきた永代畝引米が中止された。かつて最上氏の支配下にあった村山地方の諸領は「増高」が広く存在したのであるが、保科家の領有時代に永代畝引され、その後も継続されてきたとする。いわゆる「定引」や「立下」のことを指していると思われる。そのため漆山領では年々四五四〇俵の減免がされてきたのであり、それを永代畝引米と称したとみられる。三万石で四五四〇俵というのはかなりの俵数といえる。ところが、検地実施後に永代畝引米が取消されたのである。松平清兵衛代官の支配地のことから類推すると、事前の約束では、永代畝引を続けるということであったろうが、幕府勘定所の承認するところとならず、永代畝引米が中止することになったものと推測される。

そのため農民たちの困窮を招き、潰百姓も相当に発生したといわれる。

高擶《たかだま》村・門田村（蔵増門伝村カ）は最上義光の父義守の隠居城高擶城が置かれていたことから、最上氏時代には両村の屋敷年貢が免除されていたが、鳥居家の時には屋敷年貢の上納を命じられたことから困窮したので、保科家の時に歎願したところ再び屋敷年貢が免除されて、以後もそのまま免除されてきたが、総検地後に再び屋敷年貢が課されるようになって両村とも困窮したというのである。なお、高擶村（現天童市）の願行寺の場合、検地により墓地は「見捨地」ということで除地になったが、境内の五畝六歩は「見取屋敷」という名目で少ないながらも年貢を課されたのであった（『天童市史編集資料』第十号）。蔵増門伝村（現天童市）でも佐野代官の罷免後に寺地の年貢免除の願いをしている（『高擶郷土史』）。

さて、出羽天領の御城米（年貢米）も万治年間（一六五八—六〇）頃より年々江戸に廻米されるようになっていたが、検地の実施と軌を一にするように、西廻り航路の整備が行われ、寛文十二年（一六七二）春より江戸廻米が百姓負担による百姓直廻しとなった。同時に年貢米を皆廻米する方針のもとで江戸廻米が強化されたのであり、この面でも百姓たちの負担が増加したのである。廻米される年貢米自体が増加したばかりでなく、年貢米一俵につき新たに指米一升が加えられたし、別に一俵につき二升の割合で欠米も必要となった。その欠米の運賃は百姓たちの負担であり、それに納名主などの入用金、上乗の給金等をすべて合せると、漆山領で米六百石余と金二九〇両余の負担増となったという（「漆山御領三万石惣百姓訴状」）。延宝二年（一六七四）に漆山代官所の手代青山半右衛門は御城米の江戸廻米の監督のため五月十四日に江戸に到着し、漆山領村々の年貢米の浅草御蔵納に立会ったりしたが、同年の御蔵納は順調に進まず、十一月二十五日（新暦十二月二十二日）の時点でもなお完了せず、年内に漆山村へ下ることも不可能と推測され、長期間の江戸滞在に難儀していたのであった（森川昭「おくのほそ道『暑き日を』の周辺」、森川編『近世文学論輯』）。手代の指揮下で直接御蔵納にあたった納名主も当然江戸滞在が長期に及んだはずであり、江戸滞在の経費も増し、その分でも百姓たちの負担が増すことになったと推測される。

延宝二年（一六七四）は全国的に大凶作の年であったが、出羽天領村々は江戸廻米の百姓直廻し制の開始以来の廻米強化・負担増のことも重なって、夫食米が不足し、村々はその確保に大いに苦慮したはずである。そのため、翌延宝三年頃より出羽天領では「夫食所払金納」が一般的に実施されたとみられる。夫食所払金納とはいったん村蔵などに納入された年貢米の一部を夫食米として村方に払下げ、その代金を翌年上納させる制度である。寒河江領・白岩領など松平代官の支配地村々の一部ではすでに寛文八年（一六六八）頃より夫食所払金納が実施されていたとみられるが、延宝三年頃には出羽天領で一般的に行われるようになったと判断される。延宝九年（一六八一）「漆山御領三万石惣百姓訴状」に、夫食払代金（夫食所払金納）の納入期月の繰下げを歎願していたことから、漆山領でも延宝三年頃から実施されたものと推測される。夫食払代金とか夫食延売代金などとも称された。ただ、寒河江領など村山西部村々ではすでに実施されている、本年貢の五分一を年々金納するところの五分一金納は漆山領では未だ行われていなかったので、延宝九年の惣百姓訴状では五分一金納の実施を歎願したのである。松平代官支配の寒河江領など西郡村々に比べ、佐野代官支配の漆山領の方が石代金納の割合が小さく、その分漆山領の方が廻米強化の方針がより徹底されていたともいえる。江戸廻米に関連して延宝四年頃に村山天領の御城米を川船で酒田湊まで積下す際に事故が起って損害が生じた場合に、百姓方が三分二を、船頭が三分一を弁済することが定まった（『山形市史編集資料』第十三号）。これも百姓たちには大きな負担となった。

延宝五年（一六七七）春に漆山領村々で宗門改めが実施されたのであり、「蔵増門伝村宗旨御改帳」が佐野代官あてに提出されている（『高擶郷土史』）。
佐野代官は寛文八年（一六六八）秋より九カ年ほど漆山代官を務めてきたが、延宝五年四月に突如代官職を取上げられた。その件やその後のことについて『寛政重修諸家譜』（巻八五三）では次のように記している。

　延宝五年四月四日租税の事とゞ《ど》こほりあるにより、是を償ふべしとの厳命をかうぶり、其あひだ遠藤外記常春にめしあづけられ、七月二十六日多くの負金あるにより、切腹せしめらるべしといへども、これをなだめられて遠流に処せらる。

これによれば、佐野代官の方より幕府へ上納すべき年貢に未納の分（引負）があることが発覚し、それを返済するようにと厳しい督促を受けたうえ、その身柄は美濃国八幡藩（現岐阜県郡上郡八幡町）遠藤家に預けられたので、その間、一族の者や配下の手代たちが年貢未納金の取立てや金策に奔走したことであろうが、思うように必要な金額が集まらなかったのに、引負の高も案外の多額に及んでいたのであり、何故か年賦も認められなかったようで、とうてい返済できないと判断されたのであり、同年七月二十六日に本来であれば切腹というところではあるが、罪一等を減じられて、遠流に処されたのであった。遠流の地は伊豆の三宅島であった（『徳川実紀』第五篇）。同日に代官関口作左衛門父子が切腹となっており、また佐野代官と一緒に代官福村長右衛門父子も遠流に処されたように、四代将軍家綱の代から「不良」代官の淘汰が行われ始めていたのである。世襲代官である佐野平兵衛も多額の引負を出し、不良代官の一人として代官職を罷免され、かつ遠島となったのである。

引負が発生した原因を出羽天領でみれば、当時代官所の経費として本年貢の三パーセントに当たる三升口米・口永が年貢と一緒に納入されて、それを代官所で受取って充当していた点があげられる。このような代官所経費の支給方法では、西国に比べて土地生産力の低い東国では、代官の支配高の割に納入される年貢が少なかったことから、三升口米・口永も少ないことになるという問題があったのであり、東国の天領を支配した代官は、経費に比べ収入が不足しがちで、引負を出すこともしばしばであったのである。漆山領も租率三ツ九分三厘を基準としていたとみられることから、支配高に比べて、代官所の経費となる三升口米・口永も少なかったのである。それればかりでなく、寛文十一年（一六七一）からの総検地を契機とした増租や同十二年に始まる御城米江戸廻米の百姓直廻しによる負担増などで領民が困窮化して年貢未進が多くなったはずであるし、特に延宝三年（一六七五）頃から一般的に始まった夫食所払金納が納入期日になっても上納されず、滞納となり、数年に及ぶ貸金のような形になっていたことも考えられる。

佐野平兵衛は寛永十七、八年頃より三十六、七年もの間代官職を務めていたことから、すでに六、七十代にはなっていたと推測される。そのような年齢での三宅島での流人暮しは相当にこたえたはずである。三宅島で何年過ごしたか不明であるが、赦されないまま、平兵衛は同地で死去したとみられる。男子もいたのであろうが、父が罪人ということから当然相続は許されなかったわけで、そのため佐野家は絶えることになったのである。

二　延宝年間の代官たち

佐野平兵衛に代って、延宝五年（一六七七）秋に岩手藤左衛門、神尾市郎右衛門の両人が漆山代官に就任した。「漆山御料御代官記」には、

一、延宝五巳年より御代官
　神尾市郎右衛門様、岩手藤左衛門様　此年ニ漆山村御陣屋建申候

とある。ここで岩手・神尾両代官の略歴を『寛政重修諸家譜』により紹介しておこう。まず岩手藤左衛門信吉の分をあげる（巻第一四八）。

寛文四年三月二十九日岩手佐五右衛門某が姪(甥)たるにより、めされて御家人に列し、御勘定となり、この日はじめて厳有院殿（徳川家綱）にまみえたてまつり、十二月二十五日廩米百五十俵をたまひ、延宝三年十二月二十五日、さきに平野二郎左衛門勝安とゝ(共)もに仰を奉りて、京師におもむき、法皇御所造営の事をつとめしにより時服二領・金二十両を賜ふ。八年二月十一日組頭にすゝみ、天和元年十一月二十八日朝鮮の信使来聘により、その駅路を巡見し、二年三月十九日御殿詰の組頭にうつり、四月二十一日新恩百俵をたまひ、三年二月十八日川々巡見の事をうけたまはりて関西に赴く。十二月二十一日また百俵を加へられ、貞享二年七月二十一日美濃の郡代となり、この日廩米三百俵を加増あり、

すべて六百五十俵をたまひ、十二月二十八日布衣を着する事をゆるさる。元禄十年七月二十六日廩米をあらため、上野国多胡、群馬、甘楽三郡のうちにをいて、采地六百五十石を知行す。十二年二月二日務を辞し、寄合に列し、十四年十月采地のうち群馬・甘楽の二郡を上総国市原・埴生両郡のうちにうつさる。十六年六月十二日死す。年七十八。法名日悟。

右では岩手藤左衛門とあるが、地方史料などにはしばしば岩出藤左衛門と記されている。先祖は甲州・武田氏に仕えて、同氏の滅亡の後、徳川氏に仕えることになったのであるが、祖父の九左衛門信政、父の九左衛門信盛、兄の信直はいずれも紀伊・徳川家に仕えた。ただ、父九左衛門信盛の弟に佐五右衛門という者がいて、徳川将軍家に仕えていたが、その甥という縁で、本人である岩手藤左衛門信吉も寛文四年（一六六四）三月に召出されて御勘定の役を命じられ、同年十二月に廩米一五〇俵を賜ったのである。御勘定に在職中の延宝三年（一六七五）十二月に京都にのぼり法皇御所造営の仕事に従事し、時服二領・金二〇両を賜った。そして延宝五年秋に漆山領の代官に就任したのであったが、代官登用については右に引用した『寛政重修諸家譜』には記述がない。したがって、御勘定に在職のまま臨時的に漆山代官を兼務したようにも解されないこともないであろうが、江戸初期の頃であればともかく、延宝年間にもなれば、そんな形の兼務はなかったこととみられ、代官歴任のことが記載洩れとなったものと判断される。

もう一人相代官の神尾市郎右衛門忠儀《ただのり》の略歴も紹介する（巻第一〇四五）。

延宝二年十一月朔日めされて御勘定となり、七日はじめて厳有院殿に拝謁し、三年十二月二十一日廩米百五十俵をたまひ、のち御代官となる。貞享二年十一月二十日死す。年五十七。法名了性。

神尾家はもと松木を姓としていて、初代五郎右衛門は甲州・武田氏に仕えていた。三代五郎兵衛忠次が慶長十六年（一六一一）に駿府の大御所家康に仕えることになり、廩米二百俵を与えられて、甲斐国の代官を務めていたが、その後承応二年（一六五三）に館林藩主徳川綱吉に付属させられた。その際に、姓を松木から神尾に改めたものであるが、引続き代官職に就いていた。その子の五郎右衛門茂吉も代官を務めた。五郎右衛門の子助左衛門茂次は、五代将軍となる綱吉に随従し幕臣となったのである。五郎右衛門の弟が本人の神尾市郎右衛門忠儀であり、延宝二年（一六七四）十一月に幕臣となり御勘定の役を命じられて、翌三年十二月に廩米一五〇俵を賜ったのである。おそらく二年ほどして代官に転じ、直ちに漆山代官に就任したものと判断される。数え四十九歳のことである。

偶然ながら、岩手・神尾両家とも甲州・武田氏の旧臣だったのであり、その後徳川氏に仕えるが、その歩んだコースには類似性がみられる。

佐野平兵衛代官の代から手代として漆山代官所に務めていた青山半右衛門は尾張国鳴海宿（現名古屋市緑区）在住の親族あての年欠の書状の中で、最近「頭なども替」ったが、役目の方はこれまで通りに務めていると述べていたのは（森川昭「おくのほそ道『暑き日を』の周辺」）、この代官交代の時のことを指しているのかと推測されるが、トップの代官は交代しても、手代などの下僚の多くはそのまま漆山代官所に勤務したのであり、日々の生活や勤務にほとんど変化がなかったことがうかがえる。

佐野平兵衛の時には正式の漆山代官所の敷地・建物はなく、おそらく民家などを転用しての仮陣屋であったことから、岩手・神尾両代官は就任早々に代官所の建設に取掛ったのである。「漆山御料御代官記」や「漆山県令編年記」によれば、新しい代官所は漆山村の中央に位置し、周囲を堀でめぐらし、敷地は五反六畝十一歩あり、年貢畑を転用したものであった。中には代官役所をはじめ手代などの役宅・長屋、牢屋敷、郷蔵屋敷、稲荷屋敷が置かれた。

漆山代官は漆山領三万石余を支配するべく置かれたのであったが、今回、岩手・神尾両代官の支配となったので、一人の代官の支配高は一万五千石程度ということになった。そんなことからか、延宝六年（一六七八）に陸奥国守山領（現福島県郡山市）一万五千石も併せて支配することになったのである。先に紹介した手代青山半右衛門の延宝六年と推定される書状にも、当年から預り所として一万五千石の天領の支配を命じられて、併せて五万石の天領を支配する代官所になったとして、代官はもちろんのこと、手代以下の下僚たち一同も大いに喜んでいる様子が記されている。ちなみに守山領は会津藩加藤家の領有するところであったが、寛永二十年（一六四三）の加藤家の改易に伴い天領となったが、延宝六年（一六七八）までの三十五年ほどは二本松藩丹羽家の預地となっていたことから、今回、初めて幕府代官の直支配となったのである。岩手・神尾両代官の時には手代の吉田甚五衛門・山内惣兵衛両人が守山役所に駐在していたという（「守山御領御目安事」『福島県史』10(上)）。代官たちも秋の検見に際して、まず守山役所に滞在し、その後、漆山代官所に赴いたようである。

初めの年延宝五年に岩手・神尾両代官が漆山代官所に赴くのはかなり遅くなったのであるが、それでもそれから検見のため支配地村々を廻村したと推測される。そのためか、同年の下荻野戸村（現天童市）の年貢割付状（巳之年下荻野戸村御成ケ之事」天童市立図書館石倉文書）は同年十一月五日付で岩手・神尾両代官の名前で発給されている。そのうち本田の分は、

一高九百三拾四石五斗八升　　御縄辻
　内
　弐百六石五斗三合　　当巳之検見引
残七百弐拾八石七升七合　　有高
此取弐百八拾三石九斗五升　　高ニ三ツ三リン八毛余
　有高ニ三ツ九分
　辰ニ壱分七リン六毛上ル

とあり、本田高のうち約二二パーセントの二〇六石五斗余が検見引となって年貢賦課の対象から除かれ、残り高七二八石余に対し免三ツ九分（租率三九パーセント）を乗じて、年貢取米は二八三石九斗五升と算定されたのである。なお永代畝引米に相当するような「定引」などは記されていない。その代わりに検見引がかなり多くなっているとみられる。それでも、前年延宝四辰年よりも免一分七厘六毛（租率一・七六パーセント）上昇したとする。一二石八斗ほど年貢が増加したことになる。村山地方は延宝四、五の両年

とも豊作だったので、代官が交代して年貢が若干引上げられたものと判断される。このように、当時の徴租法は豊作の年にも検見引が行われるところの畝引検見取であり、農民保護的なものであったが、他方なお厘取であり、年貢割付状の様式は簡略なものであった。なお、年貢米の納入期限は十二月十五日となっていた。

延宝六年（一六七八）から松御林で落葉を拾う際に人足一人に札一枚ずつが下付され、札一枚につき役銀六分を上納することになったという（「漆山御領三万石惣百姓訴状」）。岩手・神尾両代官となって、本年貢を引上げるとともに、小物成の増額を図ったものと考えられる。

中野村（現山形市）の文書によれば、延宝七年（一六七九）六月十日付で、手代の室伏久右《(左)》衛門・小備兵右衛門の両人の名前により、年貢米の一部が夫米食として村々に払下げられて、その代金である「夫食御払米代金」（夫食所払金納）を紅花の売捌き次第に村々で取集め、漆山代官所の手代青山半右衛門へ納入すること、万一何か事情があって遅れる場合は名主より前もって届け出ること、を指示していた。同年七月四日付では、夫食御払米代金（夫食所払金納）の上納の遅れている村が多かったためか、同じ両人の名前で、村々に対し早く代金を取立てることを督促している。同年七月十九日付では、手代の青山半右衛門・沼尾次右衛門両人の名前で、穀留のことを記した大きな建札を一両日中に村ごとに大庄屋善左衛門方に持参すること、代わりに紅花の刈取り時期に設置した建札を庄屋ごとに引取ること、を命じている（『東村山郡史』巻之二）。幕府よりの指定の分を除いて、季節ごとに何度か建札を取替えたものであろう。

同じ延宝七年（一六七九）十月頃に、見取田畑の改めが行われたのであり、「下荻野戸村高外見取改帳」が残されているが、手代の鈴木善助・小備兵右衛門の押印がある（天童市立図書館石倉文書）。

以上から、岩手・神尾両代官の代の漆山代官所には、少なくとも室伏久右《(左)》衛門、小備兵右衛門、青山半右衛門、沼尾次右衛門、鈴木善助という手代が駐在していたものと考えられる。そのうち、室伏久右《(左)》衛門、青山半右衛門は佐野平兵衛の代からの手代であったとみられる。

青山半右衛門は延宝二年（一六七一）に御城米の江戸廻米の監督のため江戸に出府していたが、同六年にも同様に出府したことが知られる（森川昭「おくのほそ道『暑き日を』の周辺」）。そして、翌延宝七年には前述のように代官所に駐在して夫食御払米代金（夫食所払金納）を受取る役を勤めていたのであり、青山手代は漆山代官所で年貢の収取に当たる職務に就いていたものと考えられる。

漆山領村々は佐野平兵衛代官の時より夫米の賦課を中止し、六尺給米への切替えを歎願していたのであり、岩手・神尾両代官の代になっても引続き訴願を繰り返えしたものの、望むような成果が得られず、仕方なく再び江戸訴願を行うつもりであった。ところが、岩手代官が役替えとなったので、この時の江戸出訴の計画は中止となったのである。というのも、岩手藤左衛門が延宝八年（一六八〇）二月に勘定組頭に昇進したので、漆山代官を辞したためである。岩手・神尾両代官の在任は三カ年ほどで終了した。岩手藤左衛門はその後、貞享二年（一六八二）七月に美濃郡代に就任した。廩米も三度の加禄があって六五〇俵となり、同年十二月に布衣（六位相当）を許された、というように順調に昇進したのである。そして、元禄十二年（一六九九）二月に辞任し、寄合に列したが、同十六年六月に死去した。七十八歳であったので、漆山代官に就任した延宝五年（一六七七）には数え五十二歳であったことになる。

延宝八年（一六八〇）二月頃に、岩手藤左衛門の後任として山田六右衛門・興津伊左衛門の両人が任命されたので、引続き在職する神尾市郎右衛門と合わせ、今度は漆山代官三名となったのである。近世前期には、このような複数の代官による天領支配の形は割合みられたようであるが、ただ臨時的な感じがするのも否めない。三代官は漆山領とともに守山領も引続き支配した。なお、地方史料では山田代官は山、興津代官は奥津と記されたり、解読されたりしていることもしばしばである。

山田・興津両代官の略歴も『寛政重修諸家譜』により紹介しておこう。まず山田六右衛門元親から示す（巻第五九〇）。

慶安二年遺跡を継、後支配勘定をつとめ、そのゝ（後）ち、御勘定にすゝ（進）み、延宝五年御代官にうつる。天和二年九月二十二日死す。法名日覚。

山田家は甲州・武田氏に仕えていたが、天正十年（一五八二）に武田氏が滅亡し、代って徳川家康が甲斐国を領有したことにより徳川家に仕えたのである。本人の六右衛門元親は、実は入戸野家の出で婿養子となったものであり、慶安二年（一六四九）に遺跡（知行百石と廩米五十俵）を継ぎ、その後支配勘定を経て、御勘定の役に昇進し、延宝五年（一六七七）に代官に就任したのである。最初の支配地は不明である。そして延宝八年二月頃に漆山代官に転任したのである。

もう一人の興津伊左衛門良重の紹介をする（巻第一四三二）。

延宝二年一〇月二十六日伊奈半十郎忠常が異父の叔父たるをもって、こふむねあるにより厳有院殿にめされて御勘定となり、十一月七日はじめて拝謁す。三年十二月二十一日廩米百五十俵をたまひ、四年三月二十九日仰をうけて、安房、上総、下総、常陸、下野五箇国を巡見す。五年八月十九日御代官に転じ、天和元年三月職を辞して御勘定奉行の支配となり、貞享四年十二月十三日在職のうち負金ありしに、その会計をは《(終)》りしかば、小普請となる。元禄十年二月二十日死す。年六十五。法名良重。

興津伊左衛門は、関東郡代の伊奈半十郎忠常の縁で、四代将軍家綱の代の延宝二年（一六七四）十月に幕臣に召抱えられ御勘定の役に就いたのであり、翌延宝三年十二月に廩米一五〇俵を賜ったのである。そして延宝五年八月に代官に転じたのであったが、最初の支配地については不明である。延宝八年二月頃に漆山代官に就任したのである。数え四十八歳のことと思われる。

最初の年の延宝八年（一六八〇）には神尾、山田、興津の三代官が揃って、まず守山領に入って検見廻村などを行い、次いで漆山領に赴いて、やはり検見廻村などを行った（「守山御領御目安事」）。延宝八年は村山地方で大風水害が起った年であったが、守山領も凶作であった。そのため延宝六年の二本松藩丹羽家による検地の結果かなりの増石となっていたので、三代官は当年だけのことと推測されるが、古い検地帳により年貢を課したので、かなりの減免となったようである（天和二年十一月「山中村減免願」『福島県史』10(上)）。次いで漆山領に下り、そこでも検見引という形で相応の減免が行われたのである。

しかも漆山領村々は、三代官に対し、改めて夫米賦課の中止と六尺給米への切替えを歎願したのであった。その歎願も聞届けられなかったことで、翌春に再び江戸出訴を計画したのであったが、江戸廻米の河岸場出しの件で何か混乱が生じて、結局、江戸訴願の件はまたも中止となったのである。そうこうしているうちに、代官がまた交代したのであった。

三代官のうち興津伊左衛門は何故か漆山代官に就任して一年ほどした延宝九年（天和元年、一六八一）三月に代官を辞任し、勘定奉行の支配となったのであり、これは引負があることが発覚し、実際には代官の職を奪われたものとみられる。ただ漆山代官としては一カ年ほどの在任で、しかも延宝八年度の年貢金が納入期限となっていない三月の時点であることを考慮すると、前任地で発生した引負であった可能性が大である。その際、神尾・山田両代官も漆山代官を辞し、他の天領の代官に転出したものと推定される。三代官による支配は一年ほどで終ったのであった。

山田六右衛門は天和元年（一六八一）や同三年の「武鑑」に「上総代官　山田六右衛門」と記されているので、関東の上総代官に転任したものとみられる。もともと上総代官との兼務だったことも考えられる。神尾市郎右衛門の転出先は不明である。両人ともその後年月をあまり置かずに代官を辞職したと推測される。山田六右衛門は天和二年（一六八二）九月に死去したので、あるいは在職のまま死去したこともありえる。ところが、元禄二年（一六八九）四月になり、六右衛門に代官時代の引負があることが判明し、子の千之助元貞はそのため知行百石を没収された（『徳川実紀』第六篇）。神尾市郎右衛門は貞享二年（一六八五）十一月に死去したが、享年五十七歳であったので、やはり代官に在職のまま死去したのかもしれない。

漆山代官を辞し勘定奉行の支配となっていた興津伊左衛門は、六年後の貞享四年（一六八七）十二月に至って引負金の返済が完了したとして宥され小普譜となった。同じ引負金がありながら、その年のうちに三宅島に遠島となった佐野平兵衛との取扱いの違いがみられるが、これは引負金の額によっているものかと思われる。興津伊左衛門の引負の額はそれほど多くなかったのであろう。そして、小普請のまま元禄十年（一六九七）二月に死去した。享年六十五歳であった。

右のような神尾、山田、興津の三代官により一年余りの支配に代って、天和元年（一六八一）三月頃に漆山代官に就任したのは諸星庄兵衛であった。

三　延宝九年の漆山領惣百姓訴状

延宝九年（天和元年、一六八一）五月に幕府が派遣した巡見使が下向した。前年七月に五代将軍に綱吉が就任したことに伴うものであった。寒河江領と漆山領で巡見使に対し訴状を提出したが、受理されなかった。

漆山領のものは、土生田村一村で提出したものと、三万石惣百姓の名前で提出されたものと二通から成っていた。土生田村の訴状は専ら検地による村高の増大および年貢の増大に伴う百姓の困窮についてであった(『村山市史・近世編』)。惣百姓訴状の方の訴願は次のような内容の十一カ条に及んでいた。漆山代官の施政、ひいては幕府の政策に対し、抜本的な刷新を求める内容といえる。

①高百石につき五俵ずつの夫米賦課の中止と六尺給米への切替え。
②御城米(年貢米)の江戸廻米につき、百姓直廻しの中止と商人請負の復活。
③一斉検地による出目の取消し、および石盛を元の石代に戻すこと。そして定免実施の要求。
④検地後に中止となった永代畝引米の復活。
⑤御城米の酒田湊までの川下げの際の事故弁済規定における百姓三分の二弁済の免除。
⑥漆山領における五分一金納の実施。
⑦野年貢、青苧役銭、松落葉札役銭の中止。
⑧年貢米の俵拵え方を元のやり方に戻すこと。
⑨夫食米払代金(夫食所払金納)の納入期月を六月~九月への繰下げ。
⑩高揃・蔵増門伝両村の屋敷年貢免除の復活、および郷蔵・橋の用材の御林よりの下げ渡し。
⑪御払山代金の増金の中止。

以上であるが、重要と思われる点に限り少し述べておきたい。
①については、以前に天領となった村山地方の諸領ではいずれも夫米賦課より六尺給米賦課に変更され

ているので、漆山領でも佐野代官以降の各代官や幕府勘定所に対し同様の措置を求めて幾度か歎願したが実現されていない。今度また代官が交代するので秋に新代官が下向した時に再び歎願するつもりであるが、それでは実現しても来年のことになってしまうので、洪水による凶作で夫食米も不足しているのであり、是非とも今年中には夫米賦課を中止し、六尺給米へ切換えてもらいたいというのである。なお、上荻野戸村の正徳二年（一七一二）十月の「年貢米金皆済目録」（『天童市史編集資料』第十二号）では夫米は見られず六尺給米の賦課となっているので、漆山領村々の長期にわたる粘強い歎願の繰返しが聞届けられ、六尺給米賦課への切換えが許されたものである。明確な年代は不明であるが、おそらく次の諸星庄兵衛代官の時と推測しておく。

②については、万治二年（一六五八）頃より寛文十一年（一六七一）まで十数年間、江戸町人正木半左衛門らの商人請負により御城米の江戸廻米が行われていたが、その際には年貢米（一俵三斗七升入）を河岸場で請負商人の方へ引渡せば済んだのであったのに、寛文十二年に百姓直廻しとなって年貢米のほかに新たに次のような負担が加ったとする。

㋑年貢米の欠減などに備えるために、年貢米一俵につき二升の欠米の徴収があり、漆山領全体では四百石ほどになる。

㋺納名主などが酒田・江戸に出張した際による経費である酒田入用金・江戸入用金が合せて一五〇両ほどになる。

㈧御城米を積んだ廻船に乗船して監視する上乗の給金が八十両か八十五両ほどになる。

㈡二升欠代米の運賃が六〇両ほどになる。

以上であり、漆山領全体では合せて米六百石ほどと金二九〇両余の負担増となったとする。なお、当時漆山領よりの御城米（御年貢）は二万俵ほど、これを十六艘か十七艘の廻船で江戸に廻米していたとみられる。また、⑧で述べられているように、米拵え・俵装も大変厳重となったことから、それも百姓たちにとって大きな負担となっていた。そこで、寛文十一年までの商人請負を復活し、御城米を河岸場で渡し切りにしてほしいというのである。

百姓直廻しは天領村々に大幅な負担増となったが、商人請負に比べ輸送経費の削減となったばかりでなく、途中の事故も少なくなり、年貢米の品質維持など幕府にとっては大きなプラスであり（『酒田市史・改訂版』上巻）、商人請負による廻米への復帰はとうてい聞届けられるはずはなかったのである。

③については、鳥居家の元和検地が「京間六尺五寸竿」で行われたのに、佐野代官の寛文検地が「かね六尺竿」で行われたことにより二千石余の出目（増高）が生じたうえ、長らく行われてきた永代畝引米が取消されたことにより、年々検見引はあっても、年貢負担が大幅に増加したのであり、そのため潰百姓が相次ぎ、手余り田地を他領の百姓に耕作してもらう状態であり、そのため検地前の年貢に戻してもらいたいとする。

また斗代取米法から石盛法に基づく石高制に変わり、そのうえ検見取のため年貢の免（租率）が年々変動して大変混乱するので、検地前の斗代に戻してもらい、しかも「定免」にしてもらいたいとする。この件は直接負担増ということよりも、年貢勘定が繁雑化したことに対する苦情であるし、「定免」も定免法施行の要求ではなく、畝引の後に乗ずる免の「定免」ということであり、畝引検見取であることに変わりはないといえる。

③でも少し言及されているが、④の永代畝引米の復活については、裏作のできない雪国のうえ、漆山領は悪地であることから、山形藩保科家時代から一年に四五四〇俵の永代畝引米が与えられてきたが、総検地以後、検見引は行われるものの、永代畝引米は与えられなくなったので復活してもらいたいとする。なお、永代畝引米とは最上氏時代などに寒河江領など西郡（村山郡西部）の方で行われた「増高」に対する定引や立下と事実上は同じ措置を指すものと判断される。

⑥の五分一金納については、寒河江領など西郡村々では承応年間（一六五一―五五）頃から五分一金納が行われてきているのに（「正覚寺文書」『寒河江市史編纂叢書』復刻第十三集）、同じ村山郡でも漆山領では行われていないことに対し、年々不作していることもあり、年貢米納入のためわざわざ他領で米を購入している状態で、そのことは代官所手代たちもよく知っていることであるからと、漆山領での五分一金納の実施を要求しているのである。上荻野戸村の正徳二年（一七一二）十月の「年貢米金皆済目録」では五分一金納が行われているので、おそらく五分一金納の実施はやはり次の諸星庄兵衛代官の時に始まったとみられる。

⑨の夫米拝借米代金（夫食所払金納）が翌年五月初の上納期限となっていることに対し、最上（村山地方）は六月から九月までに紅花、青苧、大豆を段々に売捌いて現金を得ていることから、六月から九月までに上納するように納期月を繰下げてほしいというのである。

以上などから、総検地以来、年貢負担が大幅に増加したうえ、佐野代官から岩手・神尾両代官の支配に交代した延宝五年（一六七七）以降にも小物成などでの増租があったことにより、漆山領の百姓たちが困窮化したことがうかがえる。同時に、五分一金納が漆山領ではまだ実施されていないなど、同じ出羽天領といっても、支配代官によって年貢などの制度に相違がみられたのである。年貢制度などは近世前期にはなお代官の裁量に委ねられているところが大きかったといえる。夫米賦課の中止や五分一金納の実施などは間もなく実現することになった一方、商人請負の復活など多くの歎願は許可されなかったのである。

四　諸星庄兵衛父子の治政

巡見使下向の二カ月ほど前のこと、延宝九年（元和元年、一六八一）三月頃に神尾、山田、興津の三代官が揃って漆山代官を辞し、代って駿府代官（現静岡市）だった諸星庄兵衛政照が漆山代官に就任したのである。

『寛政重修諸家譜』（巻第一一九九）によれば、諸星家は甲州武田氏に仕えていたが、武田氏の滅亡後に徳川氏に仕えることになったものである。初代の民部右衛門政次は天正十一年（一五八三）に甲州のうちにおいて三十貫文余の知行地を与えられたが、同十八年徳川氏の関東移封に伴い、改めて武蔵国多摩郡のうちに知行を与えられた。民部右衛門の遺跡を継いだ藤兵衛盛次の知行は七十石余であった。民部右衛門・藤兵衛父子とも、代官頭大久保長安の配下にあって代官を務め、徳川氏の蔵入地、次いで関東の天領を支配したが、長安の没後に独立の代官となったものである。

諸星家は八王子に代官陣屋を構えたいわゆる八王子代官（関東十八代官）の一家に数え上げられている。元和八年（一六二二）に山形・最上家が改易となり、旧領地は鳥居、酒井、戸沢、松平らの諸大名に与えられたが、その際に最上家よりの領地の受取と諸家への領地引渡しに幕府役人が立会ったのであり、その中に諸星藤兵衛の名前があるが、盛次のこととみられる（『雞肋編』上巻、『北村山郡史』上巻など）。

藤兵衛盛次の跡を継いだのは第二子の庄兵衛政長であり、やはり八王子代官の一人として関東天領の支配に当った。正保・慶安年間（一六四四―五二）には支配地が武蔵・下野・上野の三カ国にあったし、慶安元年（一六四八）には足尾銅山の奉行を兼ねた（和泉清司『徳川幕府成立過程の基礎的研究』）。その後寛文元年（一六六一）~同四年に駿府代官を勤めたが（『静岡市史・近世』、『静岡県地名大辞典』）、寛文七年の時点で関東十八代官の一人として八王子に七反八畝十五歩の代官屋敷を構えていたのである（「横山十五宿絵図」、八王子市郷土資料館『八王子の歴史と文化』）。

庄兵衛政長が寛文十年（一六七〇）八月に死去したが、政長には実子伊兵衛盛長がいたものの、伊兵衛はすでに大番組に勤仕していて別に家を興していたことから、代って養子の庄兵衛政照が養父政長の跡を継ぎ、代官職に就いたのである。この庄兵衛政照が漆山代官に就任した人物である。幕臣の朝比奈八左衛門の三男で婿養子になったのである。『寛政重修諸家譜』により、庄兵衛政照の略歴を示しておこう。

厳有院殿につかへたてまつり、御代官をつとめ、廩米百俵・月俸五口をたまひ、寛文十年十二月十日遺跡を継、さきにたまふ廩米を添られ、すべて百七十石余の禄となり、月俸はおさめらる。元禄六年六月四日死す。法名宗寿。

諸星家は世襲代官の家柄であったので、養子ながら庄兵衛政照は家督に就く以前から代官を務めていたのであり、養父庄兵衛政長とは別に廩米百俵と月俸五口（五人扶持）を与えられていた。寛文十年（一六七〇）十二月に養父政長の遺跡（知行七十石余）を継いだので、五人扶持の方は返上し、合せて知行七十石余と廩米百俵となったはずであるが、右の家譜では知行一七〇石余としている。廩米百俵が百石の知行地に変えられたものか。政照は初め惣左衛門と称しており、おそらく家督に就いて庄兵衛に改めたのである。初めの支配地は不明である。延宝元年（一六七三）の「武鑑」には駿州代官として百石・諸星惣左衛門の名前があり（村上直『江戸幕府の代官』）、同八年の「江戸鑑」（『古事類苑・官位部』三）にも駿州代官として百石・諸星総右衛門とあるので、延宝年間に惣左衛門（庄兵衛）は駿州代官（現静岡県）を務めたのであった。なお、武蔵国多摩郡日野本郷（現東京都日野市）の延享二年（一七四五）の「村中連印目録」（『日野市史史料集』近世二）に八王子代官（関東十八代官）の一人として諸星庄兵衛の名前をあげているので、庄兵衛政照の代にもなおしばらく八王子に屋敷があったものであろうか。

天和元年（一六八一）三月頃に羽州漆山代官に転じ、合せて奥州守山領も支配したのである（茎田佳寿子『幕末日本の法意識』）。漆山代官は佐野平兵衛の後、二人ないし三人の相代官の形となっていたが、再び諸星庄兵衛政照一人の支配になったのである。諸星庄兵衛政照が漆山代官に任命された直後に、前述のように幕府の巡見使が下向し、漆山領惣百姓などの名前で訴状が提出されたのであり、受理されなかったが、訴状の件は当然諸星庄兵衛代官の耳にも入っていたはずである。施政に当ってはそのことを十分に意識して行ったことであろう。幕府は五代将軍綱吉の就任とともに、延宝八年（一六八〇）閏八月に代官の心得とすべき七カ条の法令を出したのであり、領民の撫育のことなど代官の役割や任務を明確にしたことであり（村上直『江戸幕府の代官群像』）、なおさらのことであったろう。

巡見使に提出された「漆山領三万石惣百姓訴状」にあった、夫米賦課の中止と六尺給米への切換え、五分一金納の実施なども、改めて諸星庄兵衛代官に歎願されたはずであり、それをうけて、いずれも同代官が早々に実施に移したものと推測される。

ただ、諸星庄兵衛代官の時の史料は何故か乏しい。それでも以下いくつか紹介してみる。まず、貞享元年（一六八四）九月に漆山領鮨洗村（現山形市）に「漆山領鮨洗村遊日之覚」を与えて年に二十八日の農家休日を定めている（『東村山郡史』巻之二）。実際には、近隣村々の村役人たちが協議して休日を定めたうえ（『千布村郷土史』）、それを諸星庄兵衛代官が承認したものである。元禄期になると、村山地方でも名子など従属農民を多数擁して大規模な農業経営を営むところの初期本百姓が解体しつつあり、代って家族労働力を基本とする小経営が展開するとともに、雇傭労働力も年季奉公人が中心となってきたのであり、漆山領における貞享元年（一六八四）の農家休日の定めも右のような動向の中で、ともすれば農家休日が増加する傾向にあったことに対する、上層農民たちの意向を受けた対応であったとみられる。

貞享三年（一六八六）秋に漆山領土生田村（現村山市）・大石田領五十沢村（現尾花沢市）・本飯田村（現村山市）の三カ村の間で山境争論が起り、同年十一月に漆山村大庄屋儀左衛門（片桐姓）らの取扱いで和解し証文を取りかわしたのである。この争論は、初め五十沢村と土生田村の山境争論があったようであり、その際、在国中だった漆山代官諸星庄兵衛と長瀞代官松平清三郎が羽州街道の六田宿（現東根市）で面談している（『北村山郡史』上巻）。その後に大庄屋儀左衛門らに内済させるべく取扱いを命じたものと推測される。また、元禄二年（一六八九）七月に東根領貫津村と漆山領原町村・下荻野戸村（以上、現天童市）などの間で東善寺堰をめぐって争論が起ったので、やはり漆山村大庄屋片桐儀左衛門らが取扱い内済となり証文を取りかわした（『東村山郡史』巻之二）。

寛文初年に代官に就任した諸星庄兵衛政照はすでに三〇年ほど代官職にあったが、元禄六年（一六九三）六月に漆山代官に在職のまま死去した。漆山代官としてもすでに十二年ほどを経ていたのである。諸星家は世襲代官の家柄であったことから、二男の諸星新平政成が直ちに漆山代官を継いだものとみられる。「漆山御料御代官記」には、

表3　漆山代官

年　次	代　官　名
寛文8～延宝5	佐野平兵衛
延宝5～延宝8	岩手藤左衛門、神尾市郎右衛門
延宝8～天和1	神尾市郎右衛門、輿津伊左衛門、山田六右衛門
天和1～元禄6	諸星庄兵衛
元禄6～元禄7	諸星新平
元禄7～元禄15	（諸星内蔵助）
元禄15～享保1	杉山久助

（注）「漆山御料御代官記」（『新編鶴城叢書』下巻所収）を基本に作成。

表4　守山代官

年　次	代　官　名
延宝6～延宝8	岩手藤左衛門、神尾市郎右衛門
延宝8～天和1	神尾市郎右衛門、輿津伊左衛門、山田六右衛門
天和1～元禄6	諸星庄兵衛
元禄6	竹村惣左衛門
元禄7	柘植伝兵衛
元禄8	窪田長五郎

（注）「大庄屋百姓出入書留」（『福島県史』10〔上〕808・809頁）より作成。

一、同酉年（元禄六）より御
　代官　諸星新兵《（平）》衛様
　　壱ヶ年御支配なり

とあるし、「漆山県令編年記」にもほぼ同様の記述がある。それに、漆山領村々の「村明細帳」類にも多く歴代代官の一人として諸星新平の名前を挙げている。ただ、守山領の方は父庄兵衛政照の死とともに、漆山代官の管轄を離れて、他の幕府代官の支配となった。次いで、元禄十三年（一七〇〇）に水戸徳川家の分家松平頼元の守山藩領となる。その代わりといえようが、諸星新平の支配として、それまでの長瀞代官所付き村々も一部新平の支配地に編入されたというが（「長瀞陣屋由来」『東村山郡史』巻之三）、この方は一時的に預ったものとみられる。

ところが、諸星新平が代官を継いで一年近く経った元禄七年五月頃に、亡父庄兵衛政照に代官在職中の引負金があることが判明した。庄兵衛政照が漆山代官に就任する直前の天和元年（一六八一）二月に幕府は総代官の年貢未進の査検を命じているので（『徳川実紀』第五篇）、その時点までは庄兵衛政照に引負金は存在しなかったことになる。つまり、庄兵衛政照の引負金とは、漆山代官に就任してからのものであることは間違いない。

『寛政重修諸家譜』では、新平政成について次のように簡単に記している。

> 貞享元年五月十日はじめて常憲院殿（綱吉）にまみえたてまつり、元禄六年父政照死すところ在職のうち租税の滞あるにより、遺跡を賜はらず、十四年七月九日収納すでに終により、遺跡をたまひ小普請となる。享保元年十二月十二日死す。年五十八。

右では、父庄兵衛政照に租税滞納の分があることが判明して新平は直ちに遺跡を継ぐことができなかったとし、代官職については言及がないので、そのため代官職に就任しなかったとして取扱っているわけである。しかし、「漆山御料御代官記」などの記述のように、諸星新平が一カ年近く漆山代官を務めていたことは否定しようもないし、仮に新平が一カ年近く漆山代官に在職していないとすれば、別に代官が任命されたはずである。しかし、代わりの代官が任命された事実もなく、兼務となったようすもうかがえず、つまり、その間漆山領に支配代官がいなかったというように支配の空白が生ずることになる。しかも、庄内藩が幕府の廻状を受けて、元禄七年二月に城下鶴岡を貫流する内川端に建てた高札に、出羽天領の御城米輸送に関して、「御代官小野朝之丞・諸星新平殿断次第」と記していたのであり、幕府自身が元禄七年初めの時点で、漆山代官として諸星新平を遇していたことは疑いない。いったんは家禄の相続も許されたものかとも思われるが、一年近くして亡父の引負金の件が判明して、家禄の相続や代官就任の件は改めて取消しとなり、引負金の方は年賦返済を命じられたとみられる。新平の身柄も、代って羽州代官に転任と決ったばかりの一族の諸星内蔵助に預けられたのである。引負金の原因は、支配地である漆山領か守山領村々の年貢未納によるか、あるいは年貢米金の代官所の経費への流用によるものであろう。

元禄七年（一六九四）五月頃に罷免されたとみられる諸星新平に代って漆山領を支配したのは右のように羽州・長瀞代官に就任したばかりの諸星内蔵助であった。越前代官などを経て長瀞代官に就任したが、一族の新平の支配地だった漆山領を併せ、一時は村山天領全体を支配したのである。しかも、諸星庄兵衛政照の引負金の一部を引受けるとともに、新平の身柄も預ったのである。なお、「最上記」では、新平が「若年」の故に、長瀞代官となった内蔵助が漆山領も引請けたとする。しかし、新平はその頃三十代半ばであり、若年とはいえないので、理由とするには適当ではない。真の理由は別にあったことになる。おそらく新平は内蔵助の支配地で村々を回って年貢未納の分の取立にあたり、それを幕府に年賦返済したと推測され、その点からいえば、庄兵衛政照の引負金は主として漆山領村々の年貢未進であったと判断した方がよいであろう。ともかく、七年後の元禄十四年（一七〇一）七月に引負の返済が完了したことから、新平は改めて相続が許され、小普請となったのである。新平は享保元年（一七一六）十二月に死去したが、享年五十八であったので、逆算すると、元禄六年（一六九三）に数え三十五歳であった。新平はその後小普請のままで終ったし、その子孫も専ら小十人組に勤仕したのであり、以後諸星家から代官を務めるものは出なかったのである。つまり、新平をもって諸星（庄兵衛）家の世襲代官としての系譜も終止符を打たれたのである。

ちなみに、諸星内蔵助代官の時には、漆山役所は長瀞代官所の出張陣屋となっていたが、元禄十五年（一七〇二）になると、諸星内蔵助代官の支配から漆山領だけ引離され、再び漆山代官所として独立し、改めて漆山代官として杉山久助が就任する（「最上記」）。

第四章　元禄初年の幕府代官

一　長瀞代官永田作太夫

出羽天領では元禄二年（一六八九）に支配体制に大きな変化があった。

松平清左衛門が寛永十九年（一六四二）に出羽代官に就任して以来、同家は三代が約五〇年にわたり出羽天領を世襲して支配してきたが、元禄二年に孫の清三郎が関東代官に転出したのである。また数十年に及んで行われてきた米沢藩（上杉氏）、庄内藩（酒井氏）の大名預地も同年に中止となったのである。代って、数カ年程度で交代するところの吏僚化した幕府代官三、四名が分担して出羽天領を支配する形になった。当時、五代将軍徳川綱吉の治世下、幕府は〝天和の治〟で天領支配の刷新に取組んでいたのであり、その一環として出羽天領でも元禄二年に支配体制の刷新が行われたのである。

永田作太夫重時も吏僚化した出羽代官の一人として元禄二年に長瀞代官（現山形県東根市）に就任し、

村山郡天領の一部と庄内・大山領を支配したものである。在任期間は四カ年ほどであったが、その間羽州天領の支配を実際に刷新するために種々の改革に取組むことになった。

右のような事情のもと、元禄二年より四カ年ほど長瀞代官に在任した長田作太夫を取上げ、その経歴や治政の一端を紹介してみたい。

幕府が編纂した『寛永諸家系図伝』（第十一）では、永田作太夫の家について、藤原氏の支流とし、初代の次郎左衛門尉正久の生国を尾張国とする。しかし、『新訂寛政重修諸家譜』（第十六）では宇多源氏とし、高嶋左衛門尉高信の三男七郎信胤が近江国高嶋永田村（現滋賀県高島郡高島町永田）を領知したことにより永田を苗字としたもので、初代をやはり次郎左衛門正久とするが、信胤の十代の末孫であるとする。

確かに、中世の近江国で活躍した高島七頭の一家に永田氏があった。苗字の地である永田村には永田館があり永田氏の居城だったと伝えられているし、天台宗長盛寺は永田氏の菩提寺であった（『滋賀県地名大辞典』）。永田氏は室町時代には足利将軍家の外様衆としての家格を誇っており、戦国時代には近江半国の守護六角氏の家臣ともなっていたが、永禄十一年（一五六八）に六角氏の居城観音寺城が落城したのを契機に、織田家に仕えるようになった。確かに、織田信長の家臣に召出された中に永田刑部少輔景弘という者があった（『高島町史』）。旗本永田家の初代と目される次郎左衛門正久も一族だったとみられ、同人はともかく、長子弥左衛門久琢も織田信長に仕えたのである。

次に、『新訂寛政重修諸家譜』（第十六）の記述に沿い、旗本永田家について述べてみよう。

右のように、初代次郎左衛門正久の長子弥左衛門久琢も織田信長に仕えたが、本能寺の変化が起りいったん浪人となった。二年ほどした天正十二年（一五八四）の尾張・長久手の戦いに際し、当時尾張国清洲城主だった織田信雄（信長の二男）に仕えることになった。同国緒川領（現愛知県知多郡東浦町）のうちで知行三千百貫文を宛行われたという。戦国期、大体知行百貫文〜二百貫文で中級家臣であったので、三千百貫文の知行が事実とすれば、かなりの重臣であったことになろう。「織田信雄分限帳」（『続群書類従』第二五輯上）には、長田彌左衛門とあるが、虫喰によるものか知行高は判明しないものの、「分限帳」のごく最初の方に記載されており、重臣級の上級家臣であったとみて間違いないところである。しかし、天正十八年（一五九〇）に豊臣秀吉により織田信雄は除封となったことから、久琢は再び浪人となったのであり、そのため法体となり宗祐と号した。ところが、同年中に徳川家康に召されて拝謁し、それより秀忠（家康の三男）に仕えることになり、関東の上総・下総両国などのうちで知行三千五百石を賜った。そして、致仕する時には知行の内より養老料六五〇石を与えられたが、慶長十七年（一六一二）に没した。

それより先、久琢の致仕にともない、知行高は長子弥左衛門重直に一八〇〇石、二男勝左衛門重真に六〇〇石、末弟善左衛門重利に二五〇石、というように分知された。そして養老料六五〇石も四男三郎右衛門久重に相続された。かくて旗本永田家は四家となったのである。なお、久米左平次という武士にも所縁があるとして知行二〇〇石が分与されている。

久琢の長子弥左衛門重直は、本家ということになるが、上総国武射郡、下総国匝瑳郡の両郡（現千葉県）

で一八〇〇石を知行した。関ヶ原の戦いでは秀忠に従い信濃・上田城攻めに加わった。その後、山口修理亮重政とともに尾張衆を支配したという。父久琢が織田家の旧臣という縁によるものであろう。しかし、重直は父に先んじ慶長九年（一六〇四）に病没した。弥左衛門重直には四人の男子がいた。長男の四郎次郎重乗は父の遺跡（知行一八〇〇石）をそのまま継いだが、慶長十七年に没したので、二男の弥左衛門重春が兄重乗の養子となり家を継いだ。その際、重春は千石だけ知行し、残りの知行八〇〇石を二人の弟に分与した。次弟の四郎三郎直時に四五〇石、末弟久右衛門重正に三五〇石である。旗本永田家はもう二家増して六家になったのである。本家の永田家は、重春の子善十郎重俊が書院番士を勤め、寛永十年（一六三三）に知行二百石を加えられ、合わせて一二〇〇石となった。以後代々相伝して幕末まで続き、代々の当主は主として書院番士を勤めた（『江戸幕府旗本人名辞典』）。

さて、弥左衛門重春から知行四五〇石を分知された次弟四郎三郎直時こそ、長瀞代官を勤めた永田作太夫重時の実父である。直時は慶長五年（一六〇〇）に一〇歳で秀忠に初見の礼をとった。そして、同十七年頃に兄重春より知行を分与されたのである。知行地は上総国武射郡のうちにあった。長じて小姓組番士となり、元和二年（一六一六）に世子家光付きとされた。寛永四年（一六二七）に廩米一五〇俵を加えられた。同八年に御膳奉行に転じ、同十一年にまた知行二〇〇石を加えられたので、合せて知行六五〇石と廩米一五〇俵となった。そして同二〇年に辞職し小普請となった。寛文五年（一六六五）四月に致仕し、同七月一〇日に没した。直時の長男三四郎直正は、寛永十七年（一六四〇）三月に三代将軍家光に初見の礼をとり、同二十年に書院番士となったが、正保二年（一六四五）に父に先立ち死去した。そのため二男である作太夫重時が継嗣となり、旗本永田家を継ぐことになったのである。

永田作太夫重時は四郎三郎直時の二男あったが、書院番士になっていた兄三四郎直正が永田家を継ぐ前に死去したことにより、代って継嗣となり父の致仕を承けて家を継いだのである。作太夫は幼名を門三郎と称した。母は石河土佐守勝政（堺政所職などを歴任し、知行も二七〇〇石余となる）の娘であり、妻は山角藤兵衛定勝（知行八〇〇石、三崎奉行などを歴任）の出であった。

『寛政重修諸家譜』（巻第一〇五五）により永田作太夫の略歴を示しておこう。

寛文五年二月八日はじめて厳有院殿にまみえたてまつり、四月六日家を継、この日大番に列し、十年八月二十六日石見国銀山の奉行となり、延宝三年二月二十一日務を辞す。天和元年十月二十四日大番に復し、元禄二年四月二十九日御代官にうつり、十年七月二十六日廩米をあらため、上総国武射郡のうちにをいて采地百五十石をたまひ、すべて八百石を知行す。十二年二月二日職を辞し、十三年七月十七日死す。年七十一。法名禅知。

没年の元禄十三年（一七〇〇）から逆算すると、作太夫は寛永七年（一六三〇）の生まれとみられる。寛文五年（一六六五）二月に四代将軍家綱に初見の礼をとった。この時、すでに数え三十六歳であったので、初見の儀礼がかなりおそかったのである。二男であり、分家の予定もなかったので遅れたのであろうか。その初見の礼を待っていたのか、父直時は同じ年の四月六日に致仕し、代って作太夫が家を継いだ（知行六〇〇石と廩米一五〇俵)。同時に大番組に番士として勤仕したのである。

そして、五年後の寛文十年（一六七〇）八月二十六日に遠国奉行に転任となった。石見国大森銀山（現島根県大田市）の奉行に就任し、大森銀山および付属する周辺の天領村々四万石余を支配することになったのである。四十一歳のことである。作太夫は同年の十一月に大森に下向した。大森の銀山奉行所に常駐したのであろう。

石見銀山とも称されて有名だった大森銀山は十四世紀初めに開発され、足利尊氏の子足利直冬（直義の養子）が領有したこともあった。戦国時代には大内と尼子の両氏、次いで尼子と毛利の両氏の争奪の地であったが、結局毛利氏の領有に帰した。その後、豊臣氏の領有の時代をへて、関ケ原の戦い直後の慶長五年（一六〇〇）十一月より徳川氏の直轄となった。全国の重要鉱山を直轄地としたことによる。徳川幕府の直轄となり、初代の銀山奉行には大久保長安が就任したし、その没後も数代の奉行は長安輩下の者たちが相次いで勤めた。大森銀山は近世初期には我が国第一の銀山であった。しかし、大森銀山の繁栄はその後あまり長く続かなかったのである。

永田作太夫は大森銀山の第九代の奉行であるが（石村禎久『石見銀山』)、同人が奉行に在任した寛文・延宝年間には、銀山はとうに最盛期を過ぎていて、採銀量もかなり低下していた。そのためか、作太夫は銀山奉行としては最後であり、作太夫の後任の柘植傳兵衛からは奉行ではなく代官（大森代官）として任命されるようになったのである（『銀山旧記』)。奉行の呼称を廃し、代って代官を任命したことは、大森銀山の責任者の格が引下げられたことになろう。それだけ大森銀山の重要性が減じたわけであるが、それとともに銀山中心の支配を改め、銀山を含めた石見天領の支配ということを行うことになったのである。

永田作太夫は銀山奉行に就任したことで、採銀量の回復に努めたものであろうが、衰勢を挽回することはできなかったのである。そして、奉行となって四カ年あまり過ぎた延宝三年（一六七五）二月二十一日に銀山奉行を辞任し、小普請となった。まだ四十五歳のことで、病気などの事情がないかぎり、自ら職を辞す年齢ではない。先の『寛政重修諸家譜』の記述には明示されていないが、実は失政ということで罷免されたものであった。前年延宝二年（一六七四）は全国的に大凶作の年であり、多くの飢民が発生した。大森銀山領でも農民の多くが飢民となって、食べ物を求めて隣国長州藩の萩城下に乞食となって流れ出たのであり、長州藩では幕府にその件を注進した。その結果、作太夫は銀山奉行としての責任を問われ罷免となったのである（「石州銀山御支配歳代記」）。

かくして、永田作太夫は四年半あまり在職した石見・大森銀山奉行の地位を不本意ながら退き、それより六年あまり小普請に甘んじなければならなかった。ようやく天和元年（一六八一）十月になって大番組の番士に復帰した。さらに八年ほどして、今度は代官に登用となり羽州代官に就任したのである。

元禄二年（一六八九）に、羽州天領では支配のしくみに大きな変化があった年である。

五代将軍綱吉が治世前半に実施した「天和の治」により、幕府は直轄地である天領の支配の刷新に取組んでいた。特に、前代家綱の時から行ってきたことであるが、年貢滞納などのある不良代官の粛正を強めていたので、結果として近世初期以来の年貢請負人的性格のある世襲代官が多く排除されることになり、幕府代官の封建吏僚化が進んだのである。また、「天和の治」では、自領同然というべきような形で区々に支配されていた大名預地を一時的ではあったとはいえ全廃する方針が初めてとられたのである。つまり、天領すべては原則として幕府の郡代・代官の支配下に置くことを目指すとともに、その郡代・代官には幕府の政策を忠実に実行するところの封建官僚を配置することにしたのである。

羽州天領における元禄二年の支配の異動・刷新も当然のこと、その一環として実現されたのである。この時の異動の根底にあった基本方針は、世襲代官松平氏の他国転出とともに米沢・庄内両藩による大名預地の廃止であった。

寛永十九年（一六四二）以来、三代五〇年ほどに及んで世襲代官松平氏が出羽天領の過半を支配してきたのであったが、元禄二年（一六八九）五月に三代目の松平清三郎が関東代官（武蔵・下総両国、八万石）に転任することになったのである。また庄内の丸岡領一万石と由利領二千石余（現秋田県）は長らく庄内藩（酒井氏）の預地となってきたし、置賜郡の屋代郷三万石も寛文四年（一六六四）以来米沢藩（上杉氏）の預地となってきたが、同じく元禄二年五、六月頃に両藩の預地支配が解かれたのである。

代って数年程度で交代する吏僚化した幕府代官の支配になった。すでに寛文八年（一六六八）には山形藩領より切離された六万石のうち三万石をもって漆山代官所（現山形市）が新設され、初代代官佐野平兵衛以来、元禄初年まで代官交代が四度ほど行われたのであり、当時は諸星庄兵衛が在任していた。また貞

表1　元禄2年の支配交代

代官所(領)名	前任者	後任者	備考
長瀞代官所	松平清三郎	永田作太夫	元禄6年小野朝之丞
寒河江代官所	太田半左衛門	小野朝之丞	
漆山代官所	諸星庄兵衛	諸星庄兵衛	元禄6年諸星新平
高畠代官所	米沢藩(上杉家)	小林儀助	元禄2年柘植傳兵衛
由利領	庄内藩(酒井家)	小林儀助	元禄2年小野朝之丞
丸岡領	庄内藩(酒井家)	小林儀助	元禄2年小野朝之丞
大山領	松平清三郎	永田作太夫	元禄6年小野朝之丞

注(1)　太田半左衛門は元禄元年に死亡していた。
(2)　柘植傳兵衛は陸奥代官兼任である。

享四年（一六八七）には長瀞代官松平清三郎の支配地の一部が割かれる形で寒河江代官所（現寒河市）が設置された。しかし初代の寒河江代官太田半左衛門は翌元禄元年秋に江戸で死去したが、直ぐに代わりの代官が任命されず、しばらく欠員となっていた。

そして元禄二年（一六八九）に置賜郡に高畠代官所（現東置賜郡高畠町）が新設され、米沢藩から返還された屋代郷三万石と庄内藩預地だった丸岡・由利両領一万二千石余を支配することになった。初代代官には小林儀助が任命されたのである。また欠員となっていた寒河江代官には小野朝之丞が越後代官より転入し、同時に関東代官に転出した松平清三郎に代って、新しく長瀞代官に就任したのが永田作太夫であったというわけである（表1を参照）。なお、漆山代官の諸星庄兵衛は今回の異動には関係なく、引続き漆山代官に留まった。

したがって、出羽天領では、それまでの三代官（うち一名欠員）・二大名預地という支配体制から、元禄二年に四代官による支配体制に改められたのである。これによって、出羽天領で支配の刷新が行われる体制が整えられたことになる。とはいっても、高畠代官に就任した小林儀助は検見を兼ねて支配地廻村のため出羽に下る直前になって死去したことから、高畠代官所の支配のうち、置賜郡の屋代郷三万石は陸奥代官の支配となり、残る丸岡・由利両領は寒河江代官小野朝之丞の支配となったので、当初の支配体制に若干の変更を余儀なくされたことになる。それでも、形式的には四代官による支配は保たれたのである。

さて、永田作太夫は、元禄二年（一六八九）四月に代官に登用され、直ちに出羽国長瀞代官に就任したのである。以前に一度大森銀山奉行を務めたので、幕府の直轄地である天領を支配するのは二度目のことになる。すでに六十歳になっていた。なお、後の幕府の規定では代官の役高が一五〇俵となっていたように、通常は廩米一〇〇俵～二〇〇俵程度の旗本が代官に就任したのであり、世襲代官の家柄であればともかく、新任の代官が知行八百石程度の旗本というのは少々異例の人事といえそうである。

松平清三郎の後任の長瀞代官として永田作太夫は代官所を村山郡長瀞村（現東根市）に置くとともに、支配地のうち五カ所に出張陣屋を置き、各一名の手代を駐在させたようである。『御用高明細帳』（二口文書、鶴岡市郷土資料館）には、

一、大　山　　磯彦七郎御支配被レ遊候
一、尾花沢領　丹沢平太左衛門殿（様）
一、楯岡領　　舟波儀右衛門様

一、大石田領　鏡山彦兵衛様
一、延沢領　山岡忠右衛門様

とあり、村山郡の尾花沢（現尾花沢市）、楯岡（現村山市）、大石田（現大石田町）、延沢（現尾花沢）と庄内の大山村（現鶴岡市）の五カ所である。五人の手代のうち、延沢領を担当した山岡忠右衛門は、先代忠兵衛の時から前任代官の松平家のもとで手代を勤めていたのであり、特に寛文九年（一六六九）の大山陣屋設置以来、忠兵衛・忠右衛門の父子二代に及んで同陣屋に駐在したのである。松平清三郎の関東代官転任には従わず、出羽天領にとどまり、改めて永田作太夫の手代に採用されて、引続き出羽天領の支配の一端を担うことになったのである。ちなみに『傷寒雞肋篇』なる史料（鶴岡市・五十嵐家文書）には、先の記述とほぼ同様な領名・手代名が記されているが、ただ一部の姓名に違いがあり丹沢を丹波、鏡山を加賀美としている。前任と後任の両代官の手代たちの間で支配地の引渡しと諸帳簿の引継ぎが行われたのは七月五日のことであった。これより、永田代官による出羽天領の支配が実際に始まったのである。

『御用高明細帳』には、永田代官支配当初の動きが庄内・大山領のことを中心に記されている。前もって命じられていたのであるが、大山領の二十一名の名主が本陣屋の長瀞役所に出向き、七月六日に各村の水帳と過去五カ年の免定帳の写を提出した。大庄屋などに代表させず、出費の嵩むのも厭わず各村の名主をわざわざ長瀞役所まで出頭させたのは、名主や各村民たちに代官の交代を重大事として受取めさせようとしたものと思われる。水帳などに次いで村明細帳などの書類の提出を命じられて、今度は三名の名主が代表として持参することになった。三名は七月二十一日に庄内を発ち、二十三日に長瀞村に到着し、同夜は同地の源左衛門方に宿泊して、翌二十四日に長瀞役所に書類を提出した。それで主な用事は済み、二人の名主は二十六日に帰村の途についたが、大山組下川村（現鶴岡市）の名主甚兵衛だけは永田代官が着陣する日までしばらく待機するように指示されてなお数日留まった。

永田代官は七月二十九日に長瀞陣屋に到着したのに、旅の疲れもものとせず、甚兵衛にはその日のうちに面謁を許した。初めての大山領廻村のために適当な道順・日程、村柄などを尋ねたものである。永田代官とすれば、検見を兼ねて庄内・大山領村々を廻村するのに、前もって情報を得るべく、地元の有力名主の意見を聴取したものであろう。永田代官は初めての支配地廻村にかなり気を配っていたことがうかがえる。村山郡各領からも同様な情報を得たはずである。

永田代官の出羽天領の支配については、庄内の大山領を中心にみることにする。

大山領一万石は庄内藩酒井家の支藩として正保四年（一六四七）に創設されたのであったが、藩主酒井忠解が寛文八年（一六六八）に急逝したが嗣子がなかったことなどから、翌九年に上知となり天領に編入されたのである。直ちに幕府代官松平清兵衛（清三郎の父）の支配となり、それより元禄二年（一六八九）まで世襲代官松平家の支配下にあった。そのため、大山領の中心大山村（現鶴岡市）に出張陣屋が置かれ、山岡忠兵衛・忠右衛門父子など二名の手代が駐在し、大山領村々を管轄下に置いた。

永田作太夫代官となって、前出のように大山村に引続き出張陣屋が置かれて、初め磯彦七郎という手代が駐在した。磯手代は元禄五年（一六九二）八月頃までの三年あまり大山役所に駐在したところで交代があり、代って大石田領を担当していたとみられる鏡山彦兵衛が大山役所駐在の手代となった。鏡山手代は一年近く大山役所に駐在した。永田代官は長瀞代官所付き村々を支配するに当たり、経費の節減のためもあり各役所詰の手代を一名とし、そのうえ手代と支配地村々の間に癒着が牛じないようにと、二、三カ年程度で手代を配置替えする方針をとっていたことが推測される。

次に永田代官の時に大山領で実施された諸改革・施策についてみてみよう。

元禄二年（一六八九）十二月に、幕府は羽州天領の御城米（年貢米）を江戸廻米するために、御城米を酒田湊まで最上川などを積下すに当たり川沿い村々に速やかな川船の提供を命じたが、その文言中に漆山代官諸星庄兵衛、寒河江代官小野朝之丞とともに永田作太夫の名前がある（『鶴ケ岡大庄屋川上記』下巻）。この三名の代官に御城米の川下げ、江戸廻米の監督権があったのである。なお、当時置賜郡屋代郷の年貢米は酒田湊に積下さず、阿武隈川を積下し奥州荒浜より江戸廻米していたので、先の代官名より屋代郷の支配代官の名前が除かれている。

御城米（年貢米）の江戸廻米といえば、天領支配刷新の一環として、江戸蔵納費用の負担方法の改定が行われた。幕府は元禄二年八月に御蔵納に際しての農民負担の軽減を指示したうえで、同十二月に新たに「御蔵前入用」という高掛物を設けた。江戸浅草御蔵での諸費用の負担を免除する代わりに、天領村々に対し一率に村高百石につき金一歩を課することにしたものである。永田代官支配地である村山郡大石田村の事例（『大石田町史・史料編』一）などから、出羽天領でも「浅草御蔵前入用」が元禄二年より課されることになったことが知られる。ただ、大山領角田二口村（現三川町）のやや後の宝永四年（一七〇七）十二月の「村入用帳」（二口文書）では「御蔵前入用高掛」の永七五三文のほかに、「御蔵前入用」として永二貫一六〇文の出費があったので、「御蔵前入用」が設定されて高掛物として課されたほかに、御蔵納入に際し引続き出費があったことがわかる。つまり、「御蔵前入用」の新設は、浅草御蔵納の際の村々の負担の全廃とはならず、単に新たな年貢の一種となったとみることができるのである。廻米制度改革の一環とみてよいであろうが、大山領の多くの村で郷蔵屋敷地の年貢が免除された。元禄二年までは村方の年貢米を保管する公的施設である郷蔵の立地する屋敷が年貢地となっており、百姓たちの負担であったが、翌三年より年貢が免除されるところの除地となったのである。

松平清三郎代官が支配した寒河江領などでは元禄二年以前から定石代金納の分として五分一金納が行われていた。やや遅れて寛文・延宝頃から夫食所払金納も開始された。この両者を合せると本年貢の四〇パーセント前後が石代金納となったのである。

庄内・由利天領では、夫食所払金納は元禄二年（一六八九）以前から実施されていたのであるが、五分一金納の方は実施されていなかった。そのうち丸岡領と由利領は庄内藩預地から幕府代官の支配となったが、新任の高畠代官の小林儀助が急死したので、間もなく寒河江代官小野朝之丞の支配とされ、同代官により元禄三年（一六九〇）から五分一金納も実施されたとみられる。大山領でも、同年に五分一金納が数願されて許可となった（大山村「本町荒町振高法之事」大山・羽根田家文書、鶴岡市郷土資料館）。夫食金納に加え、元禄三年から五分一金納が許可されたことで、大山領村々の年貢も四〇パーセント程度が年々石代金納となったし、そのうえ青米金納など臨時の石代金納の分が加わると、年貢の過半が金納という年もあったのである。つまり、大山領でも永田代官の支配になり年貢の金納化が進んだのである。村方への貨幣経済の浸透も著しかった。

元禄二年や同六年の大山領角田二口村の村明細帳（二口文書）でも、小作人上米（小作料）、年季質物代米、および入作高・出作高を書上げさせており、貨幣経済の進展で、農村に質地取引や質地小作が多くなっていたことを、永田代官も注目していたはずである。

石代金納の際の石代値段は、当時大山領など庄内・由利天領の分は主として庄内藩の城下町鶴ケ岡（現鶴岡市）の新米値段が参考にされて決められた。そのため大山陣屋詰の手代の名前などで年々新米値段を庄内藩鶴岡町奉行を通じて問合せた。鶴岡町では大庄屋が調査し回答する形をとった。ちなみに元禄四年（一六九一）四月に幕府巡見使が来向した時にも、天領の石代値段が調査項目の一つだったようで、鶴岡町の方に四月時点での米相場を問合せていた。

大山村などでは小物成の一種として漆や漆の実を現物で上納してきたが、元禄初年に永納（金納）となった。それについて、後年に大山村世襲年寄田中政徳が編んだ『郷政録』では、永田代官の後任の小野朝之丞代官の時の元禄六年（一六九三）のこととするが、二年前の元禄四年に来庄した幕府巡見使に提出するために作成された文書（「大山料村々高辻覚」）には、漆掻き立てが迷惑であると百姓たちが歎願し、「去午年より永納」したと記しているように、実際には永田代官の時の元禄三年年（一六九〇）より永納となっていたのである。

その漆などを採取していたはずであるが、大山村に隣接する高楯山の一帯は大山領の大山村・下川村と庄内藩領馬町村の三カ村（いずれも現鶴岡市）の入会林野となっていた。ところが、元禄四年（一六九一）に幕府巡見使の帰府後に、永田代官の指示で入会地一五七町六反歩余は三カ村に村高に応じて分割されることになり、翌五年春に大山陣屋の手代磯彦七郎と庄内藩役人（郡奉行、代官）、両領の大庄屋、そして三カ村農民らが立会って分割され、境界に塚が築かれた（『郷政録』）。なお、数年して境塚が崩れて境界が不分明となり、元禄十二年（一六九九）八月に下川村と馬町村の間で出入りとなったので、両領の大庄屋などが再度立会い、新しい境塚が築かれている。

分割後、大山領の二村の山林は大山領村々の水源涵用林として維持された。現在でも高楯山の麓には上池・下池の二つの溜池があるが、江戸時代には周辺に多数の溜池があったのであり、日本海に近く河川よりの利水が不十分であった大山・西郷地区にとって溜池の存在が不可欠であった。永田代官も高楯山の入会林野が水源涵用林として大事であることに着目し、三カ村入会のままでは乱伐される恐れがあるとみて、入会林野の分割を命じたことが考えられる。領民よりの歎願があってのことであったかとも思われる。

山林の保護・監督の仕事をする山守が、大山御林には二名、下川御林には一名が置かれ、年三両ずつの給金が支給された。その分は大山領村々より高割で徴収された（『大山町史』）。各村とも御林の恩恵を受けたためである。

入会地といえば、庄内藩領茨新田村（現鶴岡市）に属する広野谷地は、大山領京田組などの村々が前々より野手米を納めて請野にし、入会の採草地として利用してきた。ところが、城下町鶴ケ岡の町人が広野谷地を新田に開発したいと出願したことから、採草地に利用ができなくなる大山領村々は元禄五年（一六九二）三月に従来通り利用できるようにとの歎願を庄内藩役所に取次いでくれることを大山陣屋に願い出た。歎願を受けて大山役所でも庄内藩役所と交渉したのであり、とりあえず当年一カ年だけは例年通り利用できることになったが、その後についてはなかなか話会いがつかなかった。ようやく十数年後の宝永三年（一七〇六）になって、広野谷地の半分ほどを新田に開発し、残りは引続き大山領村々の請野とすることで決着した（「広野記」鶴岡市郷土資料館二口文書）。また、元禄五年（一六九二）五月に、大山村の正法寺は戦国末期の城主武藤家の菩提寺であるが、同村農民たちが旧領主武藤家の墓所のある正法寺山で狼藉したとして永田代官に訴えるという事件もあった。

庄内でもいったん禁止されていた新田開発が解禁となったことで、谷地などの新田化が進み、そのため元禄頃には採草地が不足し、トラブルが頻発したものである。大山領村々は庄内藩領に取り囲まれていただけに、多くは領内で事済まないことになり、紛争ももつれることが多かった。

年貢米、特にその「増徴」についてもふれておこう。庄内天領のうち丸岡領は長らく庄内藩預地となっていたので、同藩の徴租法が基本的に実施されてきたとみられるが、元禄二年（一六八九）に幕府代官の支配となり、小林儀助代官に代わった小野朝之丞代官によって厘取から反取に変えられたうえで、当時東国の天領で広く実施されていた「反取に基づく畝引検見取」法が採用された。それとともに急激な増租となった。

大山領の場合、すでに寛文九年（一六六九）より厘取のままで畝引検見取法が行われていたことから、永田代官は特に厘取から反取に変更せず、従来通りの「厘取に基づく畝引検見取」法のままで、年貢米の引上げをはかったのである。これは不作の分として高に換算して畝引し、残りの高に免（租率）を乗じて年貢米を確定するやり方である。

永田代官は支配に当たり、まず過去五カ年の「免定帳」の提出を命じたので、大山領角田二口村（現三川町）には元禄二年（一六八九）七月付の「角田二口村子より辰迄五ヶ年厘付帳」が残されている（二口文書）。これでは、過去五カ年の本田・新田の田畑別の年貢米および免（租率）、ならびに不作分として差引かれた反別・分米を書上げている。厘取に基づく畝引検見取法では、年貢米の量は免（租率）と畝引高如何によって増減することになるので、増租をめざす永田代官が過去五カ年の年貢高ばかりでなく内訳をも書上げさせたのは当然のことであった。また、そのことからとりあえず徴租法はそのままで、年貢米だけを引上げようとしていたこともうかがえる。村々に残されている年貢割付状から判断すると、初めの二カ年ほどはまず不作引に相当する畝引の高を減少させることで年貢米を引上げようとしたことが読みとれる。そのため、検見をなるべく厳密に行うことを心懸けたはずである。配下の手代たちにも代官検見に先立って予備に行う小検見を厳正に行うことを督励したことであろう。しかし、畝引検見取法によって検見を行っていることから、畝引の高を減らすことにも限度があったことでもあり、その後はむしろ免（租率）の引上げに努めたのである。

これらのような操作により、永田代官が在任した四ヵ年には年ごとに年貢米が引上げられていったことが表2、表3よりも明らかである。前任の松平清三郎代官の時には、十七世紀後半の延宝年間に一時年貢米の増加があったが、その後十七世紀末の天和・貞享年間に減米していたので、永田代官が採った方針は初め数ヵ年でとりあえず延宝年間に達成していた年貢水準に回復させることをめざしたとみられる。それを達成したうえで、改めて増米するということであったろう。ところが、新たな増米に取組もうとした時点で他国の代官への転任を命じられたのである。やむをえず、後任の代官に課題を引継ぐことになった。

永田代官の出羽天領支配は元禄初年の四ヵ年ほどの短期間にすぎなかったので、これが永田代官があげた実績であるといえるものはあまり多くない。ただ、天領支配の刷新という課題に精一杯努めたことは疑いない。大体同時期に羽州代官を努めた諸星庄兵衛、小野朝之丞、諸星内蔵助等が年貢滞納があることが発覚し不良代官扱いされてしまったが、当時代官所経費の支給方法からいって、もともと東国の代官は構造的に引負金を出しやすい危険性があった一方、綱吉治下で「賞罰厳明」策がとられたからである。

それにもかかわらず、永田作太夫は一〇ヵ年に及ぶ代官の職務を無事勤めたことは大変なことであった

表2　庄内・大山領の年貢と免（元禄3年）

村名＼取米、免	元禄3年 取米	元禄3年 高免	元禄1年より増免	元禄2年より増免
大山	555石.131	3ツ3分2厘	1分5厘6毛	4厘6毛
砂押	19.918	2ツ8分	3分　7毛	7厘
友江	192.371	3ツ1分9厘	1分4厘	4厘8毛
栃屋	257.371	3ツ1分9厘4毛	1分　1毛	（5厘1毛カ）5ツ1分
下小中	145.414	3ツ4分4厘2毛	7厘1毛	4厘1毛
柳原新田	16.730	1ツ4分1厘5毛	1分6厘5毛	2厘6毛
下川	653.900	4ツ1分4厘9毛	1分　8毛	9厘1毛
湯野浜	8.864	5ツ4分8厘7毛	1分8厘7毛	——
千安京田	231.475	3ツ6分8厘4毛	6厘4毛	2厘4毛
面野山	56.886	3ツ3分3厘4毛	1分6厘4毛	7厘
菖蒲沼	56.189	3ツ7分6厘2毛	1分4厘2毛	5厘
新興屋	136.803	3ツ9分5厘9毛	1分3厘9毛	8厘

注(1)「大山料村々高辻覚」より作成。23カ村中12カ村の分である。
(2)「本田のみで、新田は省略した。

表3　大山領千安京田村の年貢取米

年代＼内訳	本田 田	本田 畑	本田 小計	新田	新々田	合計
寛文9			220石.372	3石.532		223石.904
10			233.653	3.978		237.631
延宝1			238.453	6.287		244.740
5			254.234	7.163		261.397
6	224石.469	3石.938	228.407	5.854		234.261
8	217.622	3.748	221.373	6.460		227.833
天和3	221.098	3.845	224.943	6.041		231.953
貞享2	220.702	3.808	224.510	5.245	0石.513	230.268
4	221.111	3.761	224.872	5.824	1.059	231.755
元禄1	224.187	3.646	227.833	5.823	1.001	234.657
2	226.187	3.788	229.975	6.140	1.047	237.162
3	227.687	3.788	231.475	6.278	1.047	238.800
4	243.398	4.003	247.401	6.543	1.123	255.067
5	249.424	4.041	253.465	6.753	1.123	261.341
6	249.789	3.967	253.756	6.993	1.099	261.848
7	236.781	3.967	240.748	6.201	1.099	248.048
8	234.803	3.967	238.770	6.097	1.099	245.966
9	248.501	3.967	252.468	6.285	1.106	259.859

注(1) 各年の年貢割付状（鶴岡市千安京田文書）より作成。
(2) 新田、新々田の田畑取米内訳は省略した。

はずである。大森銀山奉行としての失敗を忘れず、代官となってからは手代任せにしないで、村々の支配や手代の監督などに気を配ったのであった。その結果、領民たちの反発を招かずにある程度の実績をあげたし、幕府の期待にもある程度まで応えることができたのである。

元禄二年（一六八九）五月頃より四カ年近く出羽・長瀞代官を勤めてきた永田作太夫であったが、同六年四月頃に他国の代官に転任を命じられた。代って漆山代官に就任したばかりの諸星新平（庄兵衛の子）が長瀞代官を兼務したのである。ただ、大山領は寒河江代官小野朝之丞の支配となった。

永田代官の新しい支配地であるが、陸奥国岩瀬郡の大久保領一万石（現福島県岩瀬郡岩瀬村）が元禄六年より永田代官の支配となった（誉田宏『寺西封元』）。もともと岩瀬郡長沼領三万石は慶安二年（一六四九）に天領となったものであり、そのうち一万石が特に大久保領として天和二年（一六八二）に不行跡・藩政不行届などを理由に所領六万石を没収された播磨国明石城主の本多政利に代わりに与えられたものであったが、政利は所業を改めなかったことから、元禄六年（一六九三）に改易されて庄内藩（酒井氏）に預けられたので、大久保領は再び天領となり長沼領に復帰したものであった。右のような事情で永田代官の支配は、大久保領一万石ばかりでなく、長沼領三万石全体に及んだのであった（『福島県史』10(下)）。同領を元禄十二年（一六九九）の途中まで支配したのである（『岩瀬郡誌』）。

永田代官の新しい支配地は奥州長沼領三万石ばかりでなく、関東にも武蔵国を中心に下野国、安房国、上総国など広く散在していたようである。

つまり、永田作太夫は羽州・長瀞代官より陸奥国長沼領や関東天領を支配する代官に転任したものであった。支配高は、長瀞代官の時が五万八千石であったので、今度は六、七万石程度であったかと推測される。在任中の関東天領では、元禄一〇、十一年に稟米取の旗本に知行地を替え与えるところの「元禄地方直し」が実施されたので、永田代官もその事業に関わったのである。それに、永田代官自身も元禄一〇年（一六九七）七月に稟米一五〇俵を知行一五〇石に改められ、知行八百石となった。新しい知行地も上総国武射郡で与えられたので、知行八百石はすべて同郡のうちにあることになったのである。

元禄地方直しの事業が終了した翌年元禄十二年（一六九九）二月二日に永田作太夫は代官を辞し、小普請となった。元禄二年（一六八九）四月に代官となり、ちょうど一〇年経ったことになる。すでに七〇歳になっていて、気力・体力とも衰えていたとも思われる。翌十三年（一七〇〇）七月十七日に死去した。法名は禅知である。

五代将軍綱吉の治世下、天領を実際に支配する代官に対する「賞罰厳明」策が行われ、多数の代官が罷免・処罰される中で、年貢滞納もなく一〇年間に及ぶ東国代官勤務を無事果した永田作太夫は、基本的には幕府に忠実な地方官僚であったといえる。しかし、それだけではこの時代を代官として全うすることはできなかったのである。永田代官なりの心構えがあったはずである。何よりも、かつて大森銀山奉行の時に天領支配に不備があり一度罷免された経験があっただけに、家格不相応の代官登用にもめげず、代官職に真摯に取り組んだことである。その点は、初めての支配地廻村に際し、あらかじめ地元の名主と親しく面談して、その意見を徴したりしたこと、また配下の手代を一ヵ所に長く駐在させず、適当な期間を置いて、配置替するなど、かなり木目の細かな支配を心掛けていたことにうかがえる。また、増徴をするに当っても、まず延宝年間の年貢水準に回復することを第一の目標にし、急激な増租による領民の反発を招かないようにしたことである。さらに、右のような増徴の代償という意味もあったろうが、五分一金納の開始、郷蔵屋敷地の年貢免除、現物納となっていた小物成の永納（金納）化など、限定された範囲ながら、自己の裁量で許される点はなるべく領民の有利な形にしようとしたこともうかがえよう。

永田作太夫代官は、大勢いた出羽代官のうち特に有名な代官というわけでは決してない。ただ、一度大森銀山奉行として失敗しながら、それにめげず二度目の羽州・長瀞代官の職務に精一杯取組んだと思われることが注目されるのである。

二　寒河江代官小野朝之丞

新設された寒河江代官の初代代官に就任して一ヵ年余り経過した元禄元年（一六八八）十月に病死した太田半左衛門に代わり、後任の寒河江代官に就任したのは小野朝之丞高保《たかやす》であった。地方文書などにはしばしば小野浅之丞とも記されているので、朝之丞は「あさのじょう」と読むのが正しいとみられる。

小野家は『寛永諸家系図伝』では、平安中期の書家で三蹟の一人として名高い小野道風の後裔とする。

しかし、後に同家が幕府に提出した家譜によれば、本姓橘氏で丹波守高親の代に三河国に住し小野を称したとする（『寛政重修諸家譜』巻第五九六）。『寛政重修諸家譜』では、その高親を義光のこととして同人を初代にして系図を載せている。

それによれば、義光（高親）は天正年中（一五七三―九二）に没したが、徳川家との関係の記述がないので、三河国に住んでいても未だ徳川（松平）家に仕えていなかったのであろう。義光の次の太兵衛親光は徳川家康・秀忠の二代に仕え寛永元年（一六二四）に没した。

親光には一子麻右衛門高光があったが、父親光とは別に慶長七年（一六〇二）に召出され秀忠に仕え大番組に勤仕した。元和五年（一六一九）に大番組の組頭に昇進した。ところが、寛永二年（一六二五）に徳川忠長（駿河大納言）に付属させられ、甲斐国のうちで知行三百石を賜った。しかし、忠長の改易、自刃により麻右衛門は一時浪人となった。それでも寛永十年（一六三三）に再び将軍家に仕えることになり、翌十一年に大番組に復帰し、知行三百石を賜った。

右のように麻右衛門が別家を興したことから、太兵衛親光の跡は、麻右衛門の長子太兵衛（三助）高政が継いだ。つまり孫が養嗣子となって本家を継いだものである。高政は寛永元年（一六二四）に遺跡を継いだ。翌二年に知行二一〇石余を賜ったというが、すでに親光の代から賜っていたものであろう。高政は寛永十一年（一六三四）に大番組に番入りし、翌十二年十月に駿府城番となった。正保元年（一六四四）三月に四十五歳で没した。

高政の跡を継いだのが、その子の朝之丞高保である。兄弟の記載がないので一人っ子であったものか。『寛政重修諸家譜』（巻第五九六）により小野朝之丞の略歴を示せば次のように甚だ簡略である。

正保元年遺跡を継、小普請となり、万治三年大番に列し、貞享四年八月十一日御代官に転じ、のち務を辞し、宝永六年四月二十一日死す。年六十六。法名道主。

没年の宝永六年（一七〇九）より逆算すると朝之丞は正保元年（一六四四）の生まれとみられる。しかも、父高政が同年三月二十四日に死去しているので、朝之丞は当歳で家督に就いたわけである（知行二一四石余）。当然のこと、しばらくの間は小普請であったが、万治三年（一六六〇）に数え十七歳でようやく大番組に番入したのである。

そして、貞享四年（一六八七）八月十一日に代官に転任となったのである。四十四歳のことであった。初め越後代官に就任したようであり、翌貞享五年の武鑑にも越後代官五名のうちに小野朝之丞の名前がある（『古事類苑・官位部』三）。越後代官として朝之丞は陸奥国との国境近くに位置し以前高田藩領であった魚沼郡の上田銀山（現新潟県北魚沼郡湯之谷村）も支配したのであり（古田良一『河村瑞賢』）、また八木沢番所を管理する三俣、二居、浅貝の三カ村（いずれも現南魚沼郡湯沢町）の庄屋あてに口留番所定書を下げ渡しているので（『新潟県史・資料編』七）、朝之丞は主として魚沼郡にある天領を支配したのであろう。

越後天領を支配したのは二年足らずと短年月にとどまり、病死した太田半左衛門に代わり、元禄二年

(一六八九) 五月頃に出羽国・寒河江代官に就任したのである。

五代将軍綱吉のもとで、「天和の治」による天領改革の一環として出羽国でも元禄二年(一六八九)は、三代五十年近くに及んで出羽天領を支配し、圧倒的な地位を占めてきた世襲代官松平家の当主松平清三郎が関東代官に転出した年であり、小野朝之丞の寒河江代官転任も出羽天領の刷新の一部を占めていたのである(表1を参照)。

早速、元禄二年(一六八九)五月中に、亡き太田半左衛門と小野朝之丞の両代官配下の手代たち間で領地・帳簿の引渡しが行われた(「最上記」)。

小野朝之丞代官の支配地は、前任の太田半左衛門より引継いだ分三万五〇七七石余と、それに松平清三郎の支配地の一部二万二九八七石余が加えられて、合せると最初の支配高は五万八〇六五石余であった。ところが、高畠代官に就任した小林儀助の支配となった庄内の丸岡領と由利郡天領、合せて一万二千石余も間もなく朝之丞の支配に加えられたことから、元禄二年(一六八九)九月頃には支配高が七万石余となった。次いで、元禄六年(一六九三)五月頃に長瀞代官永田作太夫が関東などの代官として転出したことから、その支配地のうち尾花沢領など一万石余と庄内・大山領一万石余も朝之丞の支配となったので、支配高は九万石を越えたのである。寒河江の「泉主院記録」では、小野朝之丞の支配高を九万六百八石余とする(『寒河江市史編纂叢書』第二十二集)。

ちなみに、出羽・上山藩主土岐頼殷《よりたか》が元禄四年(一六九一)一月に大坂城代となったことにより、翌元禄五年五月に摂津に移封となったので、上山領（二万五千石）は一時上知となったので、永田作太夫と小野朝之丞両人の立会預りとなった。間もなく飛騨・高山より金森頼旹《よりとき》が入部する。

寒河江代官であるので小野朝之丞の代官所（本陣屋）はもちろん寒河江に置かれたが、その他に白岩村、長崎村など数カ所に出張陣屋を置き、手代たちを駐在させた。途中、元禄二年（一六八九）九月頃から支配に入った庄内・丸岡領にも初め丸岡村（現東田川郡櫛引町）に仮陣屋が置かれたのであったが（鶴岡市史編纂会『鶴ケ岡大庄屋・川上記』下巻）、二年後の元禄四年（一六九一）に和名川村（同郡藤島町）に陣屋が新築されたのである（田中政徳『郷政録』鶴岡市郷土資料館所蔵）。

小野朝之丞の配下の手代たちは「最上記」によれば、表4のようなメンバーであった。一応十五名と数えられるが、これらは主に出羽天領の各陣屋に駐在した手代たちであり、江戸屋敷に別に何名かいたはずである。またほかに支配地の拡大とともに新規に召抱えられた者もあったはずである。後述のように、たとえば、丸岡領・由利領が支配地となった当初に同地を担当する手代の一人として大河原源太左衛門なる者がいたのであるが、表4には見当らないが、同人もその後手代を辞したようであり、そのためであろうか。

手代のうち、本〆（元締）手代の高橋郡右衛門（治郎右衛門とも）が中心になって支配地を取扱ったようである。「泉主院記録」（『寒河江市史編纂叢書』第二十二集所収）には高橋治郎右衛門を手代頭と記している。永嶋平次郎は「最上記」に「村方預りもこれ無く、江戸・最上御勤用人一家と云」と記されているので、父子などで江戸と寒河江両役所で用人を勤めていたのかと考えられる。佐久間数右衛門と熊田金兵

表4　小野朝之丞配下の手代

名　前	役　職　等	備　考
永島　平次郎	江戸・最上御勤用人	
佐久間数右衛門	用人、前は長崎領等預り、後村預り	
高橋　郡右衛門	本〆手代、巳秋（元禄2）江戸より下る	治郎右衛門とも
倉橋　権八郎	川原村々支配、北上南北預り	倉持とも
山本　喜左衛門	川原村々支配、温海（庄内）にて死去	善左衛門とも
熊田　金兵衛	長崎預り、江戸上下御供	
岡野　杢之進	白岩預り、江戸上下御供	
足野　平内	江戸上下御供	
落合　喜八郎	江戸上下御供	杢八郎とも
藤井　又六	用人（カ）	
阿部　保右衛門	用人	
川崎　利右衛門	手代	川嶋利左衛門（カ）
山路　政右衛門	手代	
角田　勘右衛門	手代	
宝山　祐左衛門	手代	

（注）「最上記」より作成。

衛は「長崎預り」とあるので長崎陣屋駐在であったものであろう。ちなみに「泉主院記録」には、佐久間数右衛門を「勝テ御用」と記しているので、寒河江陣屋などの財政でも担当していたようにも思える。岡野杢之進は「白岩預り」とあるので白岩陣屋駐在であったのであろう。

同手代は確かに白岩領砂子関村（現西村山郡西川町）に元禄二年（一六八九）の「当巳ノ御成箇仮免状」を下付していた（『西川町史編集資料』第五号）。また倉持（橋）権八郎は寒河江陣屋の手代であったようである（「泉主院記録」）。川嶋利左衛門は太田半左衛門の手代を勤め、次いで数カ月小林儀助の手代を勤めて、小野朝之丞の手代となったものである。元禄六年（一六九三）五月より一年足らず、新しく支配地となった大山領を支配した斎藤弥市右衛門、尾花沢領を支配した角田勘右衛門という手代もいた。それまで江戸役所詰めであったようである。これらの手代たちを配下に置いて、小野朝之丞は五カ年に及ぶ出羽天領の支配を行ったのである。

寒川江陣屋の手代たちが担当したのであろうが、元禄二年（一六八九）六月に村山郡宮内村（現寒河江市）の善行院の宮林を改めている（『寒河江市史編纂叢書』第二十八集）。

ところで、すでに若干言及したように、元禄二年（一六八九）九月頃に庄内の丸岡領（一万石、三十四カ村）と由利郡天領（二千石余、十一カ村）も小野朝之丞の支配となる。

もともと二十五年間ほど米沢藩上杉家の預地となっていた屋代郷（置賜郡天領）三万石余は元禄二年五月頃に預地が廃され、代って高畠代官所（現東置賜郡高畠町）が新設されることになり、初代の高畠代官に小林儀助（廩米二百俵）が任命されたが、高畠代官となった小林儀助は、長らく庄内藩酒井家の預地となっていた丸岡領・由利領も合せて支配することになっていたのである。なお、小林儀助の支配高（実高）は四万五千万ほどであったと思われる。

置賜郡に置かれた高畠代官所からは遠く離れた飛地である庄内の丸岡領と由利領を支配するために、小林儀助は丸岡領の丸岡村（現東田川郡櫛引町）に仮陣屋を置き、大川原源太左衛門、川嶋利左衛門という二人の手代を駐在させたようである。川嶋手代は前年病死した寒河江代官太田半左衛門のもとでも手代を勤めていて、引続き小林儀助の手代として採用されたのである。元禄二年（一六八九）八月に、最上川沿いの丸岡領廿六木村（現東田川郡余目町）では「古荒高下川原ニ而切生仕訳帳」が作成されて、大川原・川嶋両手代あてに提出していた（余目町廿六木文書）。また、やはり丸岡領に属する幕野内村（現東田川郡藤島町）は、庄内藩領より一部が分郷となった村であるが、庄内藩預地時代には丸岡領の分には独自の水帳がなく、それまでは庄内藩領側が所有する一冊の水帳を両領の者が共同で利用して済ませていた。今度丸岡領が幕府代官小林儀助の支配となったことから、丸岡領の方も別に水帳を作成し、元禄二年（一六八九）九月に小林代官配下の大川原・川嶋両手代あてに提出された（藤島町幕の内文書）。

右のように、出羽天領の方では、小林儀助配下の手代たちにより支配が行われ始めていたのであったが、代官となった小林儀助は検見などの御用ですでに支配地に下る時期になっても江戸に留まったままで、元禄二年八月十五日に死去したのであった。六月五日に代官に就任して、わずか二ヵ月余りにすぎなかった。『寛政重修諸家譜』（巻第千二十九）には、「八月十五日故ありて自殺せしにより食禄を収めらる」とあり、理由は記されていないものの自殺したことが明記されている。結局、高畠代官に就任したものの、小林儀助は一度も支配地の出羽天領に赴くことはなかった。それでも、出羽天領では小林代官の名前で配下の手代により元禄二年九月頃までそれなりの支配が行われていたものである。

小林代官の急死をうけて、同じ九月頃には、小林儀助の支配地のうち、置賜郡の屋代郷三万石余は陸奥代官の柘植傳兵衛の支配へ移された（『高畠町史』中巻）。それに対し、丸岡・由利両領（一万二千石余、四十五カ村）は、寒河江代官小野朝之丞の支配になったのである。

確かに、丸岡・由利両領が同年九月には小野朝之丞の支配になっていたことは、たとえば庄内藩家臣で鉄砲改役であった大瀬三右衛門という者の勤書（『雞肋編』上巻所収）に、元禄二年（一六八九）九月のこととして、「一、同《（元禄）》弐年巳之年九月、由利・丸岡御領小野浅《（朝）》之丞殿え御引渡被レ成候……」と記しており、旧預地村々が所持する鉄砲の改め証文を小野代官の方に引渡したとする。実際に右の改め証文を受取ったのは「浅《（朝）》之丞殿御手代大川原源太左衛門・川嶋理右衛門両人」であったが、川嶋理右衛門は利左衛門と同一人とみられることから、前任の小林儀助の大川原・川嶋両手代が小野朝之丞に手代として採用され、そのまま丸岡・由利両領の支配に当ったのである。ただ、大川原手代は途中で手代を辞したようであり、たとえば、元禄四年（一六九一）三月頃のこととして、「丸岡村ニ川嶋利左衛門殿と申御領御手代衆御座なられ候」（『鶴ケ岡大庄屋・川上記』下巻）と記されているように、丸岡村（現櫛引町）にあった仮陣屋には当時川嶋利左衛門一人が駐在していたようであるし、表4の手代たちの中にも大川原源太左衛門の名前がみられず、手代在任は短期にすぎなかったことがうかがえる。

ともかく、当初高畠代官所の管轄であった庄内・丸岡領や由利領が元禄二年（一六八九）九月には寒河江代官小野朝之丞の支配に入ったことが知られる。

ついでながら、庄内藩預地時代の丸岡領・由利領には郷村支配機構の一部として大庄屋が置かれていた。特に、丸岡領の場合、庄内藩（酒井家）に罪人として預けられた元肥後・熊本藩主加藤忠広への勘忍分として与えられた領地であったという事情から地方支配は全面的に庄内藩に委ねられたし、上知となり、庄内藩預地となってからも、村々はそのまま庄内藩の組合村に所属したうえ、庄内藩大庄屋の管轄下に置かれており、丸岡領としての独自の大庄屋は存在していなかった。ところが、元禄二年（一六八九）五月頃に庄内藩の預地支配が免じられ、幕府代官の直支配となったことから当然ながら庄内藩大庄屋の取扱いも自動的に中止されたわけである。そのため、元禄二年六月頃には丸岡領に大庄屋が存在しないことになった。

同年九月に丸岡領を支配することになった小野朝之丞は改めて大庄屋を任命することをせず、代わりに新設された組合村ごとに庄屋（名主）が一年交代で各組合村の惣代の役を勤めるという年番庄屋（年番名主）の制度をとったのである。年番庄屋（年番名主）制は原則として一年ごとに各村の庄屋（名主）が順順に年番役を勤めることになるが、組合村の事情や和名川陣屋役人の指示などにより、組合村によっては一年ごとに年番役の交代が行われず、ある特定の名主が年番役を数カ年かそれ以上に及んで継続して勤めるところの定年番制がとられる場合もあった。和名川村（現藤島町）は、出張陣屋である和名川陣屋が置かれたこともあり、同村の庄屋（名主）の高橋久右衛門家が陣屋元庄屋（名主）ということもあり、役所の指示があって三代五十年ほどに及んで増川組の定年番庄屋（名主）を勤めたほどである（高橋伊兵衛の書上「覚」、鶴岡市郷土資料館文書）。陣屋元庄屋（名主）というのではないが、丸岡領千河原村（現余目町）の庄屋（名主）の金子家もやはり上余目八カ村組の定年番役を勤めるようになったが、この場合は和名川役所からの指示があってのことではなく、初め年番制が行われていたのに組方の事情によって途中から金子家が定年番庄屋（名主）になったものとみられる。なお、由利領では引続き大庄屋が置かれていたのである。

寒河江領村々では松平清三郎代官の時の延宝六年（一六七八）に徴租法が厘取から反取に変更されていたが、元禄二年（一六八九）五月頃まで庄内藩預地であった丸岡・由利両領では厘取のままであったので、小野朝之丞により元禄二年度から厘取から反取に変更された。小野代官は厘取よりも反取の方法を評価していたものか、四年後の元禄六年には支配に入ったばかりの大山領でも厘取から反取に変更している。

ところで、丸岡領は加藤忠広の堪忍料として設置された領地であり、幕府、就中老中松平伊予守信綱の指示があって、庄内藩領のうちより低免（租率）の村を主に選んで所属させたものであったから、元禄二年（一六八九）までの庄内藩預地の時には全村の平均免が二ツ（二割）台と低い租率にとどまっていた。ところが、元禄二年以降、幕府代官の支配が始まって、反取による畝引検見取が実施されるとともに、急速に年貢が引上げられた。小野朝之丞の支配が行われた五カ年をみても、たとえば廿六木村の場合、年貢取米は元禄元年（一六八八）の三二石三升四合から同六年の八四石七斗九升四合まで二・六倍に増加していた（表5を参照）。

寒河江領など村山郡西部の天領では、すでに十七世紀中頃から、本年貢の二割が年々石代金納される五分一金納が行われていたし、寛文・延宝年間の一六七〇年代にも夫食所払金納が行われていたので、年貢の三分一程度ないしそれ以上が石代金納となっていた。それに対し、庄内藩預地であった丸岡領・由利領

表５　丸岡領廿六木村の年貢取米

年　代	西　暦	年貢取米
寛文11	1671	石 39.6039
延宝３	75	42.7425
４	76	30.5350
６	78	49.5315
貞享１	84	37.9995
４	87	26.0190
元禄１	88	32.0340
２	89	41.5590
３	90	46.9160
４	91	71.0780
５	92	78.6720
６	93	84.7940

（注）「御検見小引帳」、年貢割付状（余目町廿六木文書）より作成。

では天和年間（一六八一—八四）に夫食所払金納が許されたようであるが、五分一金納は行われていなかった。

ところが、小野朝之丞の支配になると、元禄二年（一六八九）分より丸岡領・由利領でも五分一金納が行われるようになったので、年貢の石代金納化が寒河江領などと同じように進んだことになる。

預地時代には庄内藩のものに準じた年貢制度が施行されていた丸岡領・由利領においても、小野朝之丞の支配となって元禄二年（一六八九）以降天領一般に行われている年貢制度が施行されていくのである。元禄二年（一六八九）十二月に、幕府は出羽天領における翌三年の年貢米の江戸廻米について、改めて次のような申渡をした。

一、延沢・大山・寒河江・漆山・油（由）利・丸岡、此六ヶ所御領之米、御城米として江戸へ廻船之事、諸皇（星）庄兵衛、小野朝之丞、永田作太夫、右三人断次第、御領・私領によらず川舟有レ之所ニ而無レ滞舟出レ之……

天領年貢米の酒田湊までの川下げに際し、出羽代官三人の方よりの指示があり次第に天領・私領にかかわらず、速に川舟の提供を命じたものである。三人の出羽代官として、漆山代官の諸星庄兵衛、長瀞代官永田作太夫とともに小野朝之丞の名前もみられる。

小野朝之丞は江戸廻米を前提にして、丸岡領村々に対し十二ヵ条に及び申渡を行っており、年貢米の米拵え・俵拵え、郷蔵納入、郷蔵での保管、郷蔵番、種籾、五人組帳面などについて注意を与えた（『藤島町史』上巻）。年号が欠けているが、元禄二年（一六八九）のものと一応推定しえよう。ただ、白岩領間沢村より代官小野朝之丞にあて、米拵えなどについての「指上申手形之事」を元禄四年（一六九一）十月に提出しており（『西川町史』上巻）、その点を考慮すると、丸岡領村々あての申渡も元禄四年のことであったことも考えられる。

元禄三年（一六九〇）に小野朝之丞が六十ヵ条を越える五人組帳前文である「出羽国由利・櫛引・遊佐郷御代官所御仕置」（酒田市立光丘文庫所蔵）を丸岡・由利両領村々に下付している。下付された村々は五人組ごとに連判して改めて代官役所に提出したのであろう。村山天領には松平清三郎の時の谷地領新町村（現河北町）の五人組帳が残されているが（『山形県史・近世史料』三）、庄内・由利天領ではこの五人組帳がもっとも古いものとみられる（酒田市立第二中学校教諭小野寺雅昭氏の御教示による）。丸岡領・由利領ばかりなく、村山天領村々にも下付されたものであろう。

さて、元禄三年（一六九〇）に洪水のため、寒河江領小見村（現西村山郡大江町）では、用水溜井の土手が押切れたので、小野朝之丞配下の手代蔵持権八郎が普請奉行となり、人足二七〇〇人を使用して再築したのである（明和元年「小見邑明細差出帳」『大江町史資料』第七号所収）。御普請ということで人足は領内村々から提供されたのであろう。

元禄四年（一六九一）四、五月頃に長崎村（現中山町）の円同寺、天性寺などの寺院が寒河江代官所あてに由緒書を提出した（『中山町史』上巻）。おそらく寒河江代官所をはじめ各役所より提出を求められたからであろう。あるいは次に記す幕府巡見使の下向に際し作成されたものか。

同じ元禄四年（一六九一）四月、五月に幕府の天領巡見使が下向し廻村した。寒河江領のうち山寄りの十三カ村は米質が良くなく江戸廻米に適しないことから、二つの点を巡見使あてに歎願した。第一点は年々寒河江で米を買入れ江戸廻米に向けている状態なので、江戸廻米の量の半分を五分一金納の値段で石代金納にしてほしいということである。第二点は、夫食延金払米（夫食所払金納）がこれまで高百石につき十二俵ずつの割合で行われてきたが、それを高百石につき二十五俵ずつに増米させてほしいということであった（『大江町史資料』第九号）。どちらも石代金納の分の増加を求めている。しかし、おそらく聞届けられなかったことであろう。

元禄四年（一六九一）五月に丸岡領の鷺畑村と東堀越村（いずれも現藤島町）は谷地争論となり、鷺畑村の方で同年九月に和名川役所手代の川嶋利左衛門を介して小野代官に口上書を差上げた（藤島町鷺畑・広井家文書）。そのため小野代官も検見の時に争論の場所を検分したようである。そのうえで、翌五年九月に裁定を下したのである。しかし、鷺畑村は裁定に不満であり、小野代官に五度まで訴状を提出したが、取上げてくれないので、改めて元禄五年十一月に幕府に訴え出たようである（『藤島町史』上巻）。

元禄四年中に、小野朝之丞は、庄内の丸岡村（現櫛引町）の仮陣屋に代えて、和名川村（現藤島町）に正式の出張陣屋である和名川陣屋を新築した（田中政徳『郷政録』鶴岡市郷土資料館文書）。仮陣屋の置かれていた丸岡村では南に片寄り過ぎており、丸岡領村々ばかりでなく由利領村々にとって一層遠かったので、丸岡領のほぼ中央に位置する和名川村が選ばれ陣屋が建築されたものである。和名川陣屋には引続き手代の川嶋利左衛門が駐在したのである（和名川村名主高橋伊兵衛の書上「覚」）。

元禄四年（一六九一）十月に、丸岡領廿六木村（現余目町）では、預地時代に上納していた網鳥運上銭四二五文を元禄二年に納めなかったことにつき、和名川役所より問質しがあったようで、村役人三名の名前で川嶋利左衛門まで上納しなかった理由を述べて、合せて運上銭免除を歎願している（余目町廿六木文書）。

元禄五年（一六九二）は天候不順だったようであり、そのため小野朝之丞は、凶作というばかりでなく、米質の良くない青米が多かったとして、五分一金納や夫食所払金納のほかに、特に次のように青米金納を許可したうえ、その分の値段を大幅に引下げたという（「最上記」）。

一、青米五千八百三十石四斗　朝之丞様御支配中
　　俵ニ直シ壱万五千七百五拾七俵三斗壱升
　　　但シ三斗七升

此直段金壱両ニ四石九斗壱升九合直段

此俵拾三俵壱升九合なり

一俵の容量が三斗七升入とされているので、この年はおそらく丸岡・由利両領では青米金納は行われず、村山天領村々ばかりで許可されたものとみられる。もし、そのとおりとすれば、村山天領の支配高が五万八千石余であり、仮に免四ッ（租率四割）とすれば、年貢取米の合計は二万三二〇〇石ほどになるので、大体年貢の四分一程度が青米金納になったことになる。この年は通常どおりに五分一金納、夫食所払金納もあったわけであり、それらを含めれば、この年は年貢の過半が石代金納になったことになる。しかも青米金納は金一両につき四石九斗余の値段であったので、五分一金納の半分程度の安い値段で金納されたことになり、村山天領の農民たちは大いに歓迎し、小野代官に感謝したのである。長井政太郎『柴橋村誌』では、小野朝之丞は江戸中期における名代官の一人であったとする。

ただ、『柴橋村誌』などの記述には少しく誤解が含まれている。もともとは大正四年（一九一五）刊行の『西村山郡史』が、「最上記」の五分一金納のほかに青米金納が許されたとする先の記述を誤って解釈し、青米金納ではなく、五分一金納が許されたと記述したことに始まる。このような単純な誤解を、戦後に発刊された『柴橋村誌』や『河北町の歴史』（中巻）をはじめ西村山郡内の町村史類にそのまま受継がれ、小野代官は五分一金納を許したということが通説化したのである。『柴橋村誌』は前述のように小野朝之丞を名代官と記していたが、その理由について、「元禄五年奥羽地方は凶作におそわれたが、代官は飯米に苦しむ農民を救ふため貢米の五分の一を金納させたので、暴騰した米価も下った。」と記している。しかし、寒河江領など村山郡西部ではすでに十七世紀中頃の承応年間から年々五分一金納が行われるようになっていたのであり（「正覚寺文書」）、小野代官が改めて五分一金納を許可する必要はなかったのである。五分一金納や夫食所払金納のほかに、青米金納も行ったことから米価も下がることになったのであろう。それゆえに小野代官が名代官であったという理由にもなりえるわけである。

村山地方と置賜盆地の間には、五百川渓谷などの難所があり、元禄年間以前にはこの区間の通船は不可能であった。そこで、最上川の上流に当る松川の改修、とくに白鷹丘陵にかかる個所（黒滝）を中心に船路の開削を計画をしたのが米沢藩の御用商人西村久左衛門であった（『米沢市史・近世編』一）。米沢藩の許可を受けたうえで、元禄六年（一六九三）初めに下流にあたる村山地方に支配地や領地をもつ寒河江代官小野朝之丞や出羽・松山藩主酒井石見守の方にも支障の有無を問い合せたところ、支障がないということから（『西村山郡史』巻之四）、幕府の許可も得て、工事に着手され翌元禄七年九月に完成したという。米沢藩でも年貢米を最上川を直接積下して江戸へ廻米することが可能となった。そのため米沢藩の江戸廻米が西村久左衛門の請負で行われることになった。ただ、屋代郷（置賜郡天領）の年貢米はその後もしばらくは原則として阿武隈川を積下す荒浜廻しが行われたようである（『米沢市史・近世編』一）。

小野朝之丞の寒河江代官就任とほぼ同時に、元禄二年（一六八九）六月頃より長瀞代官を勤めていた永田作太夫は元禄六年（一六九三）四月頃に他国の代官に転出することになったので、翌月五月に支配地のうち村山郡のうち尾花沢領など一万三百石ほどと庄内・大山領一万石余、合せて二万千石余が小野朝之丞の支配に移された。残りの天領は漆山代官諸星新平（庄兵衛の子）の支配地となったようである。支配地受取りのため、朝之丞の手代の角田勘右衛門・斎藤弥市右衛門の両人が江戸より下り、五月十七日に大山領を受取ったという。斎藤弥市右衛門はそのまま大山陣屋に残って大山領村々の支配にあたり、もう一人の角田勘右衛門は大石田領を支配したうえで、五月二十一日に寒河江代官所にいったん帰ったとするが（『傷寒雞肋篇』鶴岡市平田・五十嵐家文書）、本陣屋に打ち合せのために一時行ったことを示すものであろう。その後も先の二人が翌年まで大山領や尾花沢領の支配に当ったと思われる。

小野代官の支配となって、大山領角田二口村（現三川町）では元禄六年（一六九三）五月付で「角田二口村厘付帳」（鶴岡市郷土資料館二口文書）を大山役所に提出したが、天和三亥年（一六八三）より元禄五申年までの過去十カ年の年貢実績を記したものである。当然、他の村々からも提出されたはずである。元禄六年よりの年貢高決定の参考にするために徴収したものであろう。また元禄六年七月付で角田二口村より「村明細帳」（同前）が提出された。

先の「角田二口村厘付帳」という表題からも明らかであろうが、元禄五年（一六九二）分までは大山領では徴租法は厘取、すなわち「厘取による畝引検見取」が行われていたが、小野朝之丞の支配となって元禄六年より反取に変ったので、「反取による畝引検見取」となった。庄内・由利天領全体が反取になったわけである。

白岩領月山沢村（現西川町）の枝郷四ッ屋（谷）で旅籠屋を開いたことにより、支障があるとして砂子関・志津両村から寒河江代官所へ訴えがされたことから、元禄六年（一六九三）九月に、小野朝之丞より裁定の「申渡覚」が下されたので、砂子関村など両村には白岩村大庄屋庄左衛門を介して下げ渡された（『西川町史編集資料』第五号）。これによれば、枝郷である四ッ屋は村次役も勤めておらず、本村並みには扱えないので、以後商人はともかく、出羽三山への道者を一切宿泊させてはならないと申渡したのである。

小野朝之丞は元禄二年（一六八五）五月頃より五ヵ年近くに及んで寒河江代官として村山郡西部などの天領や庄内・由利天領を支配してきたが、元禄七年二月頃に他国の代官に転出した。代って新しく長瀞代官となる諸星内蔵助が村山天領全体と庄内・由利天領を支配することになる。

小野朝之丞については、『柴橋村誌』で名代官の一人であるとしていたことはすでに紹介したが、『河北町の歴史』（上巻）でも、「……その存在は僅か六ヶ（五）年に過ぎなかったが、中々の名代官で、元禄五申年の凶作時には、納米五分一の金納を許したり、米価引下げのため安値取引を令したり、在任中は善政が多かった。」と記し、やはり元禄五年（一六九二）の凶作との関連しての措置を主に挙げつつ、善政が多く、中々の名代官であったとする。元禄五年の安値段で青米金納を許したことが果して「米価引下げのため安値取引を令した」といえるのか疑問であるが、ともかく割合誠実な施政を行ったといえるのではなかろうか。

ちなみに、元禄四年（一六九一）正月に大坂城代に就任した上山藩主土岐頼殷《よりたか》は翌五年二月に領地を摂津などに移されたことから、いったん上山藩領は上知となり上山城も取り壊すことになって、長瀞代官永田作太夫と小野朝之丞に命じた（『山形県史（旧版）』巻之二）。上山城本丸の北側の堀端に桜の木があり、六十年以上も前の寛永四年（一六二七）に起った紫衣事件で処罰され同六年より上山藩土岐家に預けられた沢庵和尚が愛でたことから〝沢庵桜〟と呼ばれてきたが、やはり切り倒されることになったという。それらを伐り倒す音が雷の落ちる時のようで、哀れにも、また恐ろしくもあったので、その際に小野朝之丞が、

そよ風もいといしものを桜木に
　斧打音を聞そかなしき

と詠んだという（『東村山郡史』巻之二）。また、桜木をまったく伐り倒すことを惜しんで、永田・小野両代官は根元から三メートルほど幹と枝を残し、上部だけを切らせたともいう（『山形新聞』）。小野代官は単なる事務的な役人ではなくなかなか情を解する人物だったと思われる。

さて、寒河江代官から他国の代官に転出した小野朝之丞であるが、「最上記」では転出先について大坂周辺の七万石を支配したとする。確かに泉州の堺（現大阪府堺市）廻りの四カ村は元禄七年（一六九四）より小野朝之丞の支配となり、同年より元禄十五年まで九カ年の年貢割付状は小野朝之丞の発給であった（森杉夫「老圃歴史」㈠」『堺研究』第九号所収）。堺周辺に支配地があったとみられる。朝之丞は主に同所を元禄十六年（一七〇三）六月まで支配した（『堺研究』第十八号）。

その後、小野朝之丞は、九州・天草の代官となった。天草代官には元禄十六年七月より宝永元年（一七〇四）七月まで一ヵ年余りの在任であったという（渋谷敏実編『天草の歴史』、『苓北町史』）。
翌宝永二年（一七〇五）のこととみられるが、鈴木壽『御家人分限帳』には、「御勘定奉行支配無役」の中に、

一、弐百拾四石余 武蔵 下総　太兵衛子 小野朝之丞　酉六十二

とあり、天草代官を辞した後、小野朝之丞は勘定奉行支配を受けて無役だったのである。このような取扱いを受ける場合、多くは代官在任中に何か問題、特に年貢未納の分が多少なりともあるといった事情が考えられる。そのため代官職を罷免されたのであろう。そうこうしているうちに、小野朝之丞は宝永六年（一七〇九）四月二十一日に死去したのであった。享年六十六歳であった。結局、生涯のうち二〇年近くを代官を勤めたことになる。

ところが、小野代官の没後間もなく、幕府に上納すべき年貢の分に滞納があることが明らかとなった。すでに朝之丞の存命中より引負があることがわかっていて、勘定奉行支配無役の取扱いを受けて、その年賦返済などを命じられていたのであろうが、皆済しないうちに朝之丞が死去したのであったろう。右のような取扱いを受けたのは寒河江代官を辞して十年以上過ぎてからであり、寒河江代官の時代に発生した年貢未納ではなかったはずである。おそらく堺廻り代官の時の分であろう。

小野朝之丞の嫡男藤十郎高廣はすでに元禄六年（一六九三）に大番組に番入し、父とは別に廩米二百俵を賜っていたが、父に滞納分があることが判明したことから、小野家の知行二一四石余は収公されたうえ、父の引負分の年賦返済が命じられたのである。しかし、年賦返済は滞りがちだったようで、一〇年後の享保四年（一七一九）六月に改めて「滞なく収納すべき旨」を命じられたが藤十郎の代には完済できなかったのであり、朝之丞の孫太兵衛高益に引継がれて、ようやく享保八年（一七二三）八月に返済を完了したのであった。それにより収公されていた知行二一四石余を再び賜ることになって、廩米二百俵は収められた。高益は享保十五年（一七三〇）五月に大番組に番入することになる。

以後、小野家では代々大番組に勤仕して、代官を勤める者は出なかったのである。

第五章　元禄〜正徳年間の長瀞代官諸星内蔵助

一　出羽国天領の支配体制

元禄七年（一六九四）二月頃に羽州長瀞代官に就任したのは諸星内蔵助同政《ともまさ》である。諸星姓ということから推測されるであろうが、すでに漆山代官の一人として紹介した諸星庄兵衛とは一族であった。寛文十年（一六七〇）に死去した幕府代官諸星庄兵衛政長には実子伊兵衛盛長がいたが、すでに伊兵衛は寛永十五年（一六三八）に大番組に勤仕し、間もなく新規に廩米二百俵を賜ったので、諸星本家を継がず、別に家を樹てたことから、諸星本家および代官職は庄兵衛政長の婿養子庄兵衛政照が継ぐことになったのである。

別家となった諸星伊兵衛は承応二年（一六五三）に父庄兵衛政長に先立ち死去した。伊兵衛の子清六郎は同年十二月に遺跡（廩米二百俵）を継いだのであったが、役に就く間もなく、明暦二年（一六五六）に死去したのである。

清六郎の後を継いだのが内蔵助同政である。『寛政重修諸家譜』（巻第一一九九）によれば、内蔵助同政を清六郎の子と記す。しかし、鈴木壽校訂『御家人分限帳』には、関東代官衆として、

清六郎養子伊兵衛子
諸星内蔵助
酉五十五

一、弐百俵

とあるので、どうやら内蔵助は伊兵衛の子であり、清六郎の弟であったが、兄清六郎の急死によって、おそらくその末期養子となったもののようである。

右の記述では、宝永二酉年（一七〇五）に内蔵助は五十五歳であったことから、慶安四年（一六五一）の生まれとみられる。養父清六郎の死去に伴い家を継いだが、その時数え六歳のことであった。

『寛政重修諸家譜』（巻第一一九九）により諸星内蔵助の略歴を示しておこう。

明暦二年十二月二十一日遺跡を継、小普請となる。寛文九年七月十九日大番に列し、延宝八年十月十九日より御蔵奉行をつとむ。元禄三年四月十四日御代官に転じ、正徳四年三月七日男藤兵衛つねに行跡正しからざるを異見をも加へず、其身の行状も亦よからざるのよしきこえにより、職をうばわれ出仕を憚り、五年九月二十六日赦さる。享保四年六月十三日多年租税の滞あるのみならず、諸星庄兵衛政照が負金をも引請ながら、これを償はざりし事其罪軽からずといへども、宥免ありて遠流に処せら

る。

内蔵助は幼年で家（廩米二百俵）を継いだので、当然のことしばらくの間は小普請であった。十九歳の寛文九年（一六六九）七月にようやく大番組に番入した。そして延宝八年（一六八〇）十月に御蔵奉行となった。御蔵奉行は、江戸・浅草御蔵など、天領から集められた年貢米などを収納・保管する御蔵を管理する役目であり、御蔵衆とも呼ばれた。武蔵国川越城主松平信輝（信綱の孫）が幕府老中の指示により、川越城詰米とみられる三千石のうち半分の一五〇〇石を天和二年（一六八二）八月に浅草御蔵に納入した際の「松平信輝河越城米勘定目録」にも御蔵奉行の一人として諸星内蔵助の名前がみえる（『新編埼玉県史・資料編』十七）。また、天和元年や同三年の「武鑑」には御蔵衆として「二百俵　諸星内蔵助」とある（橋本博編『大武鑑』）。

元禄三年（一六九〇）四月に代官に転じたのであり、御蔵奉行を十年ほど勤めてのことであった。この時、内蔵助は数え四十歳になっていた。初め越前代官に就任した。翌元禄四年の「武鑑」にも越前代官とある。

越前代官として、初め代官所を勝山陣屋（現福井県勝山市）に置いたが、翌四年に西鯖江陣屋（同鯖江市）に移したといわれる（舟澤武樹「越前における幕府領と福井藩預所」、村上直編集『日本海地域史研究』第九輯所収）。

坂井郡下番村（現芦原町）の元禄三年の年貢割付状の発給者は諸星内蔵助であった。同村は元禄三年より同六年まで諸星代官の支配だったとする（『福井県史資料編』4）。内蔵助は元禄五年八月には大野・吉田両郡の天領村々に諸雑用の削減を命ずる布達を下している（「口上之覚」『勝山市史資料篇』第三巻所収）。

当時の越前天領は三万五千石余にすぎなかったので（『武生市史』概説篇）、諸星内蔵助の支配地は他国にもあったようであり、たとえば宝永元年（一七〇四）の「武鑑」には、越前のほか近江（現滋賀県）、播磨（同兵庫県）、丹波（同前）にも支配地があったとするが、後述のように宝永元年にはすでに羽州代官（現山形・秋田両県）であったので、右の武鑑の記述の内容は元禄五、六年頃のこととみられる。なお、その「武鑑」では、諸星内蔵助の屋敷を「牛込」としているので、江戸・牛込（現東京都新宿区）に屋敷があって、屋敷のうちに江戸役所が置かれていたものと思われる。

そして、諸星内蔵助は元禄七年（一六九四）二月頃に出羽国長瀞代官（現山形県東根市）兼陸奥国塙代官（現福島県東白川郡塙町）に転じたのである。塙代官の方は元禄十一年まで勤めたようである（『福島県史』10(上)）。

一族で漆山代官を勤めて前年元禄六年六月に死去した諸星庄兵衛（政照）に在職中の引負があることが発覚したことから、父に代って漆山代官に就任していた子の新平（政成）は元禄七年五月に代官を罷免され、その身柄は諸星内蔵助に預けられたのである（『徳川実紀』第六篇）。しかも前出の『寛政重修諸家譜』（巻第一一九九）の記述にあるように、庄兵衛の引負の一部を諸星内蔵助が引受けてもいたのである。いわば一族の諸星内蔵助の責任のもとに庄兵衛の引負を返済させようとしたものであり、引負の米金もかなりの額に及んでいたことが考えられる。

その点を考慮すると、内蔵助の長瀞代官就任の方が引負の発覚よりも二、三カ月早いわけであるが、越前などの代官であった諸星内蔵助が羽州代官兼陸奥代官になったのは一族の諸星庄兵衛の引負の件と関連があったのではないかと思われる。庄兵衛の引負の多くは、おそらく漆山領村々の年貢の未進などによるものであり、内蔵助に身柄を預けられた新平（庄兵衛の子）が年貢未進の回収に当たることはもちろん、内蔵助自身も回収に協力するために、自ら羽州代官転任を希望したことも考えられる。世襲代官の家柄である諸星本家を潰したくはなかったことであろう。

羽州天領村々に諸星内蔵助が代官に就任したことが幕府老中の名前で申渡されるのは六月十二日のことであったのであり（「最上記」）、このことも特別な事情があったことを示すと考えるべきであろう。

ちなみに、元禄十一年や宝永元年の「武鑑」では諸星内蔵助を越前や上方の代官と記しているが、前述したように元禄七年以前のことを記していたのである。

さて、羽州・長瀞代官に就任した諸星内蔵助は長瀞領、寒河江領、尾花沢領など村山天領の大半と庄内（田川・飽海両郡）や由利郡（現秋田県）の天領も支配することになったが、一族で漆山代官だった諸星新平が亡父に引負があったことが発覚して、同じ元禄七年（一六九四）五月頃に代官を罷免されたことから、内蔵助が漆山領三万石も支配することになったので、しばらくはその支配地が村山天領全体に及んだのである。ほかに塙領や庄内・由利天領も支配した。

寒河江領楯北村（現山形県寒河江市）新町組の木村家の「木村藤右衛門書留」（『寒河江市史編纂叢書』第五一集）では、諸星内蔵助の支配高を十一万四九六一石余とする。これは長瀞代官就任当初の支配高を示すものであろう。ところが、「郡山村立始」（『東根市史編集資料』第二号所収）では、その支配高を十四万六千石余とする。三万一千石ほど多くなることになるので、三カ月ほど後に支配となる漆山領三万石を加えた分を示しているとみられる。しかし、「最上記」では、漆山領を含めて支配高十五万七〇四八石一斗一升とする。ちなみに「古代諸用聞書集抄」（鶴岡市郷土資料館阿部文書）では、支配高は十五万石余で、後に十七万石余に及んだとする。

確かに後述のように寒河江・楯北村新町組「木村藤右衛門書留」では、別に支配高の合計を十七万〇〇三七石四斗三升五合三勺とする。

その点は、正徳三年（一七一三）には庄内・余目領五千石も支配地に加わるのであるが、すでに元禄十五年（一七〇二）に杉山久助が新たに漆山代官（五万石）に就任しており、その分が諸星代官の支配地より離れたので、同年以降諸星代官の支配高はおそらく一〇万石台に減じていたはずであり、十七万石というのは過大であろう。ともかく、諸星代官は一時十五万石以上に及ぶ広大な天領を支配したのである。

しかも右の数値は支配地のうち羽州天領の分ばかりとみられ、他国の分は含まれていないと判断される。陸奥塙領の支配は元禄十一年までであったが、代って元禄十五年までには武蔵国に支配地を与えられていたのであり、たとえば比企郡大野村（現埼玉県秩父郡都幾川村）では、年貢割付状の発給者は元禄十五年（一七〇二）十一月より宝永四年（一七〇七）十一月までが諸星内蔵助で、宝永七年十月より正徳二年（一七一二）十一月までが諸星藤兵衛（内蔵助の長子）であったので（埼玉県立文書館『近世史料所在調査報告』十八）、比企郡の辺りに支配地があったかと思われるが、武蔵国での支配高は不明である。『看益集』所収の「御代官支配所高付」という史料を利用されて、村上直氏は元禄期の幕府代官の一人として諸星内蔵介同政の名前をあげている。それによれば、支配高十二万五六三〇石三斗七升三合で、支配地を出羽・〔武蔵〕というように、武蔵国を補っておられる（村上直「江戸幕府直轄領の地域的分布について」『法政史学』第二五号）。

これまで述べてきたことから、右の「御代官支配所高付」は元禄十五、六年頃のものとみられる。また支配高十二万五千石余とは、出羽天領の分だけともみられるが、武蔵天領の分も加えられているとすれば、諸星代官の武蔵国での支配高は一万石程度と推測が可能である。

諸星内蔵助が元禄三年（一六九〇）に越前代官となった当初の支配高はおそらく三万五千石ほどであったとみられ、その後増地があったとして五、六万石程度の支配高であったろう。ところが、元禄七年に羽州代官兼陸奥代官に転じて支配高は一躍十四、五万石にも増大したのである。五代将軍綱吉治政下で諸星代官は大変優秀な代官として勘定所に評価されていたことによるのであろうが、同時に一族で漆山代官だった諸星庄兵衛の引負の件も関係していたものとみられる。

今のところ、諸星内蔵助の長瀞代官就任が元禄七年二月頃で、それより三カ月ほど後に諸星庄兵衛に引負があることが発覚し、子の新平は代官を罷免されたことになっているが、何かそこに事情があったのではなかろうか。すでに同七年二月以前に引負の件は発覚しており、その処理のためにも前述のように内蔵助が長瀞代官に就任することになったものと推測しておきたい。

ところで、諸星内蔵助は羽州長瀞代官に就任したと記したが、村山天領全体を支配したことから、当然のことであろうが、同人の名前は長瀞代官としてばかりでなく、寒河江代官としても、尾花沢代官としても、挙げられていて（「幕府領代官一覧」『山形県史・要覧』）、それぞれにまた陣屋もあったことであることから、一体どこに本陣屋である代官所が置かれたのかという問題が生ずる。たとえば、長瀞陣屋や尾花沢陣屋が最寄である『北村山郡史』（上巻）でさえ、寒河江代官としている。本当に長瀞陣屋が代官所であったのか疑問の残るところである。その点について一言しておこう。

まず、「最上記」では、漆山陣屋の取扱いに関連して、長瀞陣屋を御本〆所にし、漆山陣屋には手代を付置いたと記しており、元締手代が駐在する長瀞陣屋を本陣屋としていると思われる。次に、村山郡郡山村（現東根市）の「郡山村立始」では、元禄七戌年の夏より諸星内蔵助代官の支配になり、漆山領・寒河江領・長瀞領をはじめ庄内・由利天領まで十四万六千石余を長瀞陣屋で支配したと記している。このことは次に紹介する諸星内蔵助代官時代の各出張陣屋、その支配高、駐在した手代について記述に際して長瀞陣屋に駐在する本〆衆（元締手代）三名の名前をあげるとともに、上納金などの納入や公事訴訟は各陣屋で取扱い解決をはかるが、それでも済まない場合には、長瀞御役所で吟味して解決すると記していることと符合する。

たとえば村山郡月山沢村（現西村山郡西川町）枝郷四ッ屋の新旅籠屋設置願いは先の寒河江代官小野朝之丞によっていったん不許可の裁定があったが、間もなく諸星代官の支配となったことから、長瀞陣屋まで百姓たちが相詰めて諸星代官に再び出願したとしているのも（元禄九年七月「相渡申一礼之事」『西川町史編集資料』第五号所収）、最寄の白岩陣屋でも解決しなかったことにより、本陣屋のある長瀞役所まで持出され、直接諸星代官の裁定を受けたことを示していよう。

さらに、元禄十五年（一七〇二）八月に検見などの御用のためであろうが、諸星代官が最上川を庄内へ下った際の大石田村（現北村山郡大石田町）の記録には、ずばり「長瀞御代官諸星内蔵介」とある（『大石田町誌』）。

以上、二、三の事例を挙げたにすぎないが、諸星内蔵助は長瀞陣屋を本陣屋（代官所）としていたことが明らかになる。

次に、本陣屋の長瀞陣屋を中心とする出張陣屋の配置、並びにその支配高・駐在手代について、寒河江楯北村新町組の「木村藤右衛門書留」によれば、「内蔵助様御支配所領切並高訳之事」として、

寒河江役所

高三万五千八百弐拾壱石九斗六升七合　　高山友左衛門殿
　　　　　　　　　　　　　　　　　　　留沢伴介殿

漆山御役所
高三万拾七石七斗八升七合　辻安治右衛門殿

長崎御役所
高壱万弐千七百八拾七石四斗弐升三合　平山吉郎兵衛殿

白岩御役所
高八千八百八拾五石八斗六升九合　窪田与右衛門殿

楯岡御役所
高壱万七千百弐拾三石七斗六升八合　佐野理右衛門殿

尾花沢御役所
高壱万八千九百五拾七石八斗九升壱合　中村　武　介殿
松下仙右衛門殿

延沢御役所
高七千百五拾三石三斗七合　林　儀兵衛殿

大石田御役所
高壱万九百三拾三石四斗六升八合　平山丹右衛門殿

大山・丸岡御役所
高弐万三千三百廿弐石六斗六升三勺　神崎源太左衛門殿
増　田　貞　七　郎殿

余目御役所
高五千三拾三石弐斗九升六合　　　　　　岡田新五兵衛殿
　高合拾七万三拾七石四斗三升五合三勺
と記し、ほかに江戸役所と長瀞役所の手代についても次のように記している。
江戸務元方　　吉野久左衛門殿
　　　　　　　高木平治右衛門殿
　　　　　　　小暮貞右衛門殿
長瀞本〆衆　　直江六郎右衛門殿
　　　　　　　小暮朝右衛門殿
　　　　　　　狩野万右衛門殿
江戸・長瀞両役所の場合は、おそらく元締手代などの名前のみであろう。
　これによれば、諸星代官は支配地に一〇カ所ほどの出張陣屋を置き、一名ないし二名の手代を駐在させ、支配高五千石～三万五千石ほどを管轄させたのであり、代官所（本陣屋）である長瀞陣屋には三名の元締手代が駐在したものの、直接支配地を分担して支配する形をとらず、専ら各陣屋や手代を監督しつつ、業務を統轄したり、各陣屋で解決できなかった訴訟を取扱うことを職務としていたのである。
　ただ、右の出張陣屋・配属手代の記述に少々問題もある。表1は庄内の大山村（現鶴岡市）に置かれた大山・丸岡役所に駐在したとみられる手代名を年貢割付状、皆済目録などにより示したものである。大

表1　大山・丸岡役所駐在の手代

年号	手代	年号	手代
元禄7	狩野万右衛門、神崎源太左衛門、増田貞七郎	元禄15	岡田新五兵衛、中村武助
8	狩野万右衛門	16	平山丹右衛門、岡田新五兵衛
9	狩野万右衛門、神崎源太左衛門	宝永1	中林《(村)》武助
10	狩野万右衛門、神崎源太左衛門	3	岡田新五兵衛、中林武助
11	狩野万右衛門、神崎源太左衛門	4	佐野理右衛門
12	木《(小)》暮朝右衛門、神崎源太左衛門	正徳2	佐野利《(理)》右衛門、中林武助
13	神崎源太左衛門	3	佐野理右衛門、中林武助
14	神崎源太左衛門		

山・丸岡陣屋は庄内天領のうち大山・丸岡両領、および由利郡(現秋田県)天領を管轄した役所である。

先の「木村藤右衛門書留」の記述によれば、大山・丸岡役所には神崎源太左衛門・増田貞七郎が駐在したとしているが、この両人が同役所に駐在していたのは支配開始当初の元禄七年(一六九四)頃のことであったとみられる。ところが、庄内藩酒井家の預地であった余目領(五千石)が諸星代官の支配となり、それに伴って余目役所が設置され、手代岡田新五兵衛が駐在することになるのは正徳三年(一七一三)のことであった。それに、本陣屋である長瀞陣屋に元締手代の一人として駐在していたはずの狩野万右衛門は少なくとも元禄七年から同十一年頃までは大山・丸岡陣屋に駐在していたことはほぼ誤りない。

つまり、先の各陣屋に配置された手代の陣容は、元禄七年とかというようにある年度をとってのものではなかったとみられる。

それでも、諸星代官は、支配地の各地に十カ所ほどの出張陣屋を設置し、一名か二名の手代を駐在させて、十数万石に及ぶ支配地を分担支配させたうえ、本陣屋の長瀞陣屋に元締手代三名を駐在させて支配を統轄させたのは事実である。また、各陣屋に駐在する手代を時々移動させていたこともうかがえる。手代と支配地村々の関係が深くなって情実がからむような取扱いが行われるようになることを避けさせたのであろう。

陸奥天領の支配については塙に陣屋を置き、やはり一、二名の手代を駐在させたことであろう。その後武蔵天領の支配になると、あるいは陣屋が置かれず、御用の時は江戸役所より出張ったことが考えられる。

元禄十年（一六九七）九月作成の「出羽国由利郡村付帳」は、作成者として「諸星内蔵助内」として吉野久左衛門・高木平次右衛門の名前があるが（『秋田県史・資料編』近世下）、江戸役所詰めの元締手代であったとみられる。

前任の代官側から領地の引渡しを受けたのは元禄七年七月のことであった。羽州天領の場合、元締手代の直江六郎右衛門、木曽朝右衛門、狩野万右衛門の三人が七月八日に寒河江に到着した。ところが、領地や諸帳簿の引渡しは同十九日から四、五日かけて前代官配下の手代二名の立会いのもとに行われたとするので（「最上記」）、先の陣屋の陣容からいっても、おそらく、まず八日頃から寒河江陣屋で引渡しの手続きを行い、その後、十九日より長瀞陣屋で引渡し手続きを行ったのであろう。さらに、その後、大石田、および庄内・由利天領の引渡し手続きは狩野万右衛門・狩野伝右衛門両人が行ったのである。大石田は最上川の河港として大石田役所が置かれていたためであろう。前述のように元締手代の一人狩野万右衛門はそのまま大山・丸岡陣屋に駐在したとみられる。

表2　庄内天領・年貢割付状の発給者（諸星家）

年　号	名　前	年　号	名　前
元禄7	内蔵助	宝永1	内蔵助
8	〃	2	〃
9	〃	3	内蔵助・藤兵衛
10	〃	4	〃　〃
11	〃	5	〃　〃
12	〃	6	〃　〃
13	〃	7	〃　〃
14	〃	正徳1	〃　〃
15	〃	2	〃　〃
16	〃	3	内蔵助

（注）　各村の年貢割付状より作成。

元禄十五年（一七〇二）頃から、支配地が遠く離れた出羽と武蔵の二カ国にあったことに加え、次の宝永年間を中心に諸星代官がしばしば利根川など関東河川の治水事業に関係したこともあり、宝永五年（一七〇八）三月頃に、勘定所の許可を受けてのことであろうが、男子藤之助改め藤兵衛と父子勤となっている（「御代官御代々御名前覚帳」『尾花沢市史資料』第十一輯所収）。そのため表2の庄内天領のように、支配地村々に下付される年貢割付状の発給者も同年より諸星内蔵助・諸星藤兵衛の両人の名前になっている場合が多い。諸星家の一家として世襲代官の家柄に属していると言えるわけで、子息の藤兵衛にいずれ代官職を継がせるために、その見習の意味があったのであろう。その藤兵衛の「不行跡」を理由にして後に内蔵助自身が代官を罷免されることになるとは夢にも思わなかったことであろう。

ちなみに、諸星代官や各陣屋に駐在する手代たちの支配を補助すべく、各領には大肝煎（大庄屋）などの〝中間支配〟の郷方役人も置かれていた。しかし、当時〝中間支配〟を担う役人たちもさまざまであった。由利領は十一カ村・高二千石余の狭小な領地であったが当時二人の大庄屋がいた。庄内の大山領の場合、京田組には斎藤太郎左衛門・太郎兵衛という大肝煎がいたことが確認される（拙著『近世前期羽州幕領支配の研究』)。しかし同じ大山領の大山組には当時大肝煎は居らず、大山村の両名主が陣屋元名主として大肝煎役に準じた役割を果していたようである。なお、同じ庄内の丸岡領には当時大肝煎は居らず、代って定年番や年番名主がいた。

二　出羽国天領支配の実際

近世前期における幕府代官の主要な任務は年貢徴収、治水事業、鉱山開発にあったといわれるように(村上直『江戸幕府の代官群像』)、享保期以前には大河川の治水事業も郡代・代官が担当していたのであり、当然諸星代官も例外ではない。たとえば庄内の丸岡領落野目村(現酒田市)は最上川下流に沿った村であり、諸星代官の時の宝永三年(一七〇六)に水除堤五百間を御普請によって築造した(寛延三年四月「村差出明細帳」酒田市落野目文書)。諸星代官の指揮のもとに行われたものではなかろうか。

そればかりでなく、諸星内蔵助は元禄十四年(一七〇一)に堤方掛に任じられていた(『茨城県史料・近世社会経済編』Ⅲ)。これは単に代官一般としての任務という意味ではなく、特別な職分として任命されたものとみられる。それだけの技術者も配下に置いたものであろう。おそらく関東のうち利根川などの大河川の治水事業を担当する役目であったと推測される。そのため、元禄十五年頃に関東のうち武蔵国にも支配地が設定されたものと考えられる。

表3　金品を贈られた諸星代官の下僚（宝永2年）

金額	名前
20両	吉野久右衛門
20両	高木平次右衛門
15両	高木貞六
15両	吉野久五郎
15両	井上藤太夫
15両	長山郷助
15両	重田郷左衛門
10両	高林仁太夫
10両	小林源内
10両	藤村理左衛門
10両	黒沢庄蔵

（注）『国典類抄』第10巻より作成。

それより先、諸星代官は元禄十二年（一六九九）三月には常陸川々の巡察を行った（大谷貞夫「宝永期の川普請助役について」『国学院雑誌』第八十巻十一号）。宝永元年（一七〇四）には利根川・荒川の浚渫事業が秋田藩など四藩による御手伝普請として実施されたが、幕府側の普請担当者の一人として諸星内蔵助の名前がある。提方掛としての仕事であったのであろう。翌二年に秋田藩では諸星内蔵助および配下の手代たちに御礼の金品を贈っていた（『国典類抄』第十巻、および大谷貞夫『近世日本治水史の研究』）。その時に金子をもらった下僚たちの名前を示したのが表3である。出羽の方では馴染みのない名前がほとんどで、江戸役所詰めの者が中心であったとみられる。

それより十年ほど前になるが、元禄八年（一六九五）三月、四月に利根川下流地域にあった椿海を干拓して造成された椿新田（現千葉県旭市、海上町など）二万石余の土地の検地が諸星内蔵助、竹村惣左衛門、池田新兵衛という三名の幕府代官を検地奉行として実施された（鈴木久仁直『利根の変遷と水郷の人々』）。

そのため、三名の代官配下の手代たちなどが多数同地に出張した。諸星代官の「手代」としては井上藤太夫、野沢郷右衛門（幸右衛門）、伊井源太夫、藤野伝四郎の四名、「御手明役」として村田権七郎、中村武助の二名、「御物書」役として神崎源太左衛門、久保田（窪田）与右衛門の二名、「帳付役」として直口（江カ）市郎兵衛、高野久次郎の二名、合せて十名の名前がみえる。いずれも諸星代官配下の手代であったとみられる。中でも「手代」役の四名が元締手代であったと思える。中村武助、神崎源太左衛門、窪田与右衛門らは羽州天領の陣屋に駐在したことのある手代である。

実際に椿新田の新田村々の検地を行った手代としては窪田与右衛門、中村武助、野沢幸右衛門、藤野伝四郎、神崎源太左衛門、井上藤太夫、村田権七郎、伊井源太夫という八名の名前が確認される（『海上町史・椿新田関係史料』）。右にも名前があるが、元締手代の伊井源太夫は太田村の検地を担当したが、苛酷なやり方のため農民たちは憤慨したという。ところが、その伊井源太夫は四月九日に落馬し二十七歳という若さで死亡するというハプニングがあったともいう（『旭市史』第一巻）。伊井源太夫の名前が「最上記」などに出てこないのはそのためもあろう。

この検地に従事するための人足が庄内・由利天領からも徴発されたようであり、徴発された人足は神文を差出したとする（「大山官庫御用留目録」、田中政徳『郷政録』鶴岡市郷土資料館）。当時、支配地が関東になかったことから、庄内・由利からも徴発されたのであろう。

諸星内蔵助代官の手代たちは各地での地境などの争論の地の改めの検使をしばしば勤めている。たとえば、元禄十一年（一六九八）九月には越後の新潟町と沼垂町の間で信濃川中洲の領有をめぐる争論が起り、諸星代官の手代岡田新五兵衛が当該地の検使を勤めている（『新潟市史・資料編』2）。また宝永六年（一七〇九）には玉川（多摩川）河原境の争論が起り、諸星代官の手代松井幸右衛門が争論地改めの際に立会見分の役を勤めた（『世田谷区史料』第一集）ことなどがあげられる。この松井手代は江戸役所詰めだったとみられる。

次に、羽州天領を中心に諸星代官の支配について、その概略を述べてみよう。

まず元禄八年（一六九五）正月、村山天領および庄内・由利天領の年貢米の江戸廻米のために、最上川・赤川などを酒田まで川下げするに際し、諸星代官よりの指示次第に御領・私領にかかわらず川船を速やかに提供することが触れられている。当時諸星代官が村山・庄内・由利の天領を支配する唯一人の代官であり、かつ同代官として初めての江戸廻米だったことによる。

同年四月庄内の大山領尾花村（現東田川郡三川町）に五人組帳が残されているので（三川町神花・本間家文書）、諸星代官は支配に当たり天領村々に五人組帳の作成を命じたと思われる。なお、諸星代官は十年ほどして再び五人組帳の作成を命じたようで、宝永二年（一七〇五）正月付の庄内・丸岡領大口村（現東田川郡羽黒町）の五人組帳が現存する（鶴岡市郷土資料館文書）。

諸星代官は検見などの御用のため、毎年江戸より支配地に下ってきていたと思われるが、元禄九年（一六九六）八月二十八日に庄内藩の城下鶴ケ岡を通って大山役所に向ったことが鶴ケ岡大庄屋の記録に書留められている（『鶴ケ岡大庄屋川上記』下巻）。その際、諸星代官から大山村の名主善右衛門（佐藤姓）に対し、「御用道出精」ということで黒縮緬が下賜された（『郷政録』）。

元禄八年（一六九五）は奥羽地方が大凶作であったが、弘前藩をはじめ奥羽諸藩より米穀を購入していた松前藩は米の購入ができず、そのため幕府に願い出て、以後年々出羽天領の年貢米の払下げを受けることになった。出羽天領では松前渡米と称された。第一回は元禄九年のことで、諸星代官の方から松前藩に引渡されたのである（「松前年々記」『松前町史・史料編』第一巻）。由利郡村々はこれより年貢米の大部分が松前渡米となり、江戸廻米はごく一部にすぎなくなった。

元禄十年（一六九七）四月、幕府は国絵図の改訂を命じたが、出羽国の場合は秋田藩（佐竹家）、米沢藩（上杉家）、庄内藩（酒井家）など六藩が担当することになり、そのため諸星代官は支配地の郷村帳を作成して、村山郡の分は山形藩（松平下総守忠雅）に、田川・飽海両郡の分は庄内藩に、由利郡の分は秋田藩に引渡すことを命じられた（『北村山郡史』上巻）。同年八月、上山藩主金森頼旹《よりとき》が美濃国郡上郡八幡（現岐阜県郡上郡八幡町）に移封となって、代って備中庭瀬（現岡山市）より松平信通が三万石で入部するが、諸星代官が一時領地を預り、十一月まで支配したのである（『山形県史（旧版）』巻二）。

元禄十年（一六九七）十月より幕府は酒屋に運上金を課すことにした。

村山郡幸生《さちう》村（現寒河江市）の幸生銅山は天和二年（一六八二）に同村名主才三郎が見立て、大坂の商人泉屋（住友）吉左衛門が金主として稼行したが（『山形県の地名』）、鉱毒が生じたので、元禄十二年（一六九九）三月にそれまでの請負人が採鉱を中止することになったことを機会に隣村の宮内村（現寒河江市）が留山願いを行った（『山形県史・近世史料』3）。諸星代官の白岩役所に歎願されたものであろう。諸星代官の取計いもあってか、幸生銅山はその後長らく休業となったようである（『山形県の地名』）。

その幸生村で元禄十六年に諸星代官の役人によって見取田の改出しが行われた（「御尋付証拠書奉差上候」『寒河江市史編纂叢書』第四三集）。

庄内の高楯山（現鶴岡市）を中心とする一帯は大山領大山村・下川村および庄内藩領馬町村（いずれも現鶴岡市）の三カ村による入会林野となっていたが、元禄五年（一六九二）三月に当時、大山領を支配していた幕府・長瀞代官永田作太夫の指示により、三カ村で村高に応じて分割された（『大山町史』）。ところが、下川村と馬町村で境争いが起こったが内済となり、新しい境塚を築き、証文を取替した。仲人には大山村の両名主らが当ったので、証文のあて先は両名主らとなっているが、その肩書に「諸星内蔵助様御役人」となっていた（鶴岡市郷土資料館大山地区資料）。大山村には大山・丸岡役所が置かれていたので、陣屋元である大山村の両名主が御用を勤める際には、右のような肩書を名乗ることが許されていたのである（田中政徳『郷政録』）。大庄屋役に相当した役割を果していたといえる。境論といえば、元禄十五年九月に、寒河江領の青柳村（現西村山郡大江町）の枝郷田ノ沢村と同領黒森村・沢口村・小柳村（以上、同町）の間の山境争論に対し、諸星代官は田ノ沢村の勝訴として裁決した（『編年西村山郡史』巻之四）。

元禄十六年（一七〇三）十月に庄内・丸岡領丸岡村（現東田川郡櫛引町）などで入会地である母狩山（現鶴岡市）の山下の水林を伐り取ったことから、庄内藩領青竜寺組六カ村と争論になり、丸岡村などはその件を大山・丸岡役所の手代へ届け出たことから、大山村名主佐藤善右衛門らの取扱いとされ、結局内済となった（『雞肋編』下巻）。ところが、村山郡大谷村（現西村山郡朝日町）と松山藩左沢領川通村（同前）との間に起った長根山論は幕府・評定所に訴訟が持ち出されることとなって、論所の検使が派遣されたが、結局元禄十六年六月に内済となった（『朝日町史編集資料』第二十四号）。内済とはなったとはいえ、江戸出訴に伴い、多くの出費を要したことであろう。

庄内の大山領の多くの村が庄内藩西郷組茨新田村（現鶴岡市）の広野谷地を野手米を出して請野にし、入会秣場として利用してきていたが、元禄五年（一六九二）頃になり、城下鶴ケ岡の町医者とみられる池田玄宅という者が広野谷地を新田に開発したいと出願したことに対し、大山領村々は新田に開発されては秣場が不足するから反対であると、当時の永田作太夫代官の大山役所に開発の差止めをもとめる願いをしていたが、解決は諸星代官の時まで持越されていたのである。宝永二年（一七〇五）二月にも新田開発差止めの願書が大山・丸岡役所あてになされたようである。その頃、同役所に駐在した岡田新五兵衛・中林（村カ）武助は諸星代官の指示を受けながら、おそらく庄内藩郡奉行所との間で折衝を重ねたようであり、庄内藩郡奉行とみられる長山五郎右衛門より岡田・中林（村）両手代あてに広野谷地に関する書状が残されている（「広野原」鶴岡市郷土資料館二口文書）。ようやく宝永三年十月に半分だけ秣谷地として残すことで妥協がなったのであった（『三川町史資料集』第十一集）。

ところで、村山郡尾花沢の豪商でいわゆる〝紅花大尽〟とも称された鈴木八右衛門（清風）は江戸にも出店を持っていたが、支配代官の諸星内蔵助の幹旋があって、たまたま出府中だった元禄十四年（一七〇一）六月九日に、勘定奉行荻原重秀から諸星内蔵助に前もって指示があり、勘定奉行たちの内寄合の場に出頭して御目見をしたのであった。その際、勘定奉行の戸川安広から日頃から村方の困窮百姓たちに夫食米を与えるなど尽力しているとして褒賞された（『尾花沢市史資料』第十二輯）。

勘定奉行荻原重秀が鈴木家の財力に注目したことによろうが、特に諸星代官はその経済力を出羽天領の支配に利用しようと考えていたものと思われる。

村山郡長崎村（現東村山郡）の八坂神社の縁起というべき「牛頭天王旧式」によれば、天正年間に類火により社殿が焼亡し仮宮のままであったが、「元禄年中代官猪早内蔵太手代若林武助」という者が鳥居を寄進したとするが、『中山町史』（上巻）によれば、正しくは寒河江代官諸星内蔵助の手代若林武助のことであり、八坂神社の向い側にあった長崎陣屋詰の手代であったとみている。ただ、諸星代官の手代衆に若林武助という者も見当らないようであり、おそらく中村《（林カ）》武助のことかと思われる。もし中村武助のこととすれば、同人は元禄十五年（一七〇二）の頃から庄内の大山・丸岡陣屋詰めに変ったとみられるので、長崎陣屋に駐在したのはそれ以前のことかと思われ、そうとすれば、八坂神社の鳥居が寄進されたのは元禄十年〜十四年頃かと推定できよう。ともかく、手代の単独の善行ではなく、諸星代官の指示や拠金により鳥居が寄進されたものであろう。庄内の大山村（現鶴岡市）真言宗泉重院の観音堂は庄内三十三観音の二十四番札所にあたっていたが、当時破損していたようで、やはり元禄年中に、代官諸星内蔵助の時に「御料御郡中勧化」が許可されたのであり、郡中村々の勧化により浄財を集めて観音堂を再建したという（田中政徳『郷政録』）。

湯殿山の散銭（賽銭）盗みはすでに寛永年間頃には現われていたが、元禄年間にも度々現われたようであり、そこで同山別当四カ院である真言宗の本道寺・大日寺・注連寺・大日坊が元禄八年（一六九五）八月に出府し、幕府に訴え出たところ、本道寺のある本道寺村（現西村山郡西川町）と大日寺のある大井沢村（同前）の支配代官である諸星内蔵助に対しても勘定奉行を介して取締りが命じられたのである。そのため、同年十一月三日付で、諸星代官の江戸役所詰めの元締手代高木平次右衛門より本道寺に書状が到来し、その中で諸星代官より指示されたとして盗賊改めを行う旨を通知していた（『西川町史編集資料』第八号㈢）。実際、取締りを強めたであろう。しかし、散銭盗みはなかなか止まらなかったようである。

山形藩は領主の交替ごとに手船を新造することにより、最上川で大名手船を廻漕させていたので、大石田の船方が所持する大石田船と利害などが対立することが多かった。元禄時代になると大石田船方が大名手船は違反であると廻漕の中止を幕府に訴えたのであり、長瀞代官諸星内蔵助の仲介で、結局、元禄十五年（一七〇二）三月に差閊《さしつか》えることなく雇船を差向けることで話合いがつき、山形藩（堀田家）の大名手船が廃止されたのであった（横山昭男『近世河川水運史の研究』）。それに伴い不要になった手船も払下げられたようである。そんなことで、諸星代官の尽力があったが、同年八月十五日に諸星代官が最上川の川船で庄内へ下るために大石田に立寄った際に、同村では山形藩手船の廃止の件で大変御世話になったとして、諸星代官に対して舟方より御馳走を差上げたうえ、わざわざ酒田下りの御召船を仕立てたのであった

（長井政太郎『大石田町誌』）。

宝永五年（一七〇八）に諸星内蔵助と嫡男藤兵衛が、代官の父子勤となったことは前に記した。一書には藤兵衛は「加判」となったとするのもあり（「正覚寺文書」『寒河江市史編纂叢書』復刻第十三集所収）、藤兵衛は正式には加判という立場から、代官見習となっていたのかもしれない。

ちなみに史料上では、諸星内蔵助は元禄九年（一六九六）、同十年、元禄十五年、宝永二年（一七〇五）と、これらの年に諸星代官は検見の御用を兼ねて、出羽の支配地に赴き、合せて庄内に下ったことが知られる。まずは毎年に下っていたとみてよかろう。

ところが、嫡子藤兵衛と代官父子勤となるとともに、内蔵助の方は検見の時にも出羽に下って来なくなったようである。藤兵衛に出羽天領の支配を基本的に任せたものであろう。武州天領の支配や堤方掛として関東などの河川の治水事業などを重点に取組んでいたのかと思われる。

諸星代官の出羽への下向を伝える記述がみられなくなる代わりに、庄内藩側の記録によれば、宝永五年（一七〇八）十月には使者として青山半右衛門を、宝永七年十月には使者として門倉太右衛門をと、配下の手代をいずれも庄内藩城下鶴ケ岡に遣わしていたのは、内蔵助自身が下向せず、子の藤兵衛に検見を任せたことから、藤兵衛や手代たちが庄内藩領内を何度か出入したりしたことを謝罪しつつ、検見の件が無事終了したことの御礼を述べさせるためであったと思われる。

宝永五年（一七〇八）、庄内の丸岡領鷺畑村（現東田川郡藤島町）で隣村の庄内藩領添川村（同前）との間に山論が起り、鷺畑村は同年十月に長瀞役所に訴状を提出したが、すでに諸星内蔵助・藤兵衛の父子勤となっていたので（藤島町添川文書）、主として藤兵衛が裁定に当ったかと思われる。なお、この争論は翌六年九月に幕府・評定所で裁許状が下付された（『藤島町史』上巻）。

宝永六年（一七〇九）正月付の村山郡谷地領新町村（現西村山郡河北町）の「牛馬毛付帳」が残されている（『山形県史・近世史料』3）。農耕や伝馬など運送に欠せない牛馬数を改めたのであろう。当時、出羽国では広く単婚家族に基づく小農民経営が広く展開して来ていたことと関連があったとみられる。

元禄十年（一六九七）に始まった酒屋に対する運上金の取立ては宝永六年（一七〇九）三月にいったん中止となった。酒屋をはじめ庶民は喜んだことであろう。

ところで、将軍の代替りにより、宝永七年（一七一〇）五月に幕府巡見使が出羽国にも下向してきた。その際、庄内藩（酒井家）の預地となっていた余目領十五カ村（現東田川郡余目町）では預地支配を中止し、幕府代官の直支配としてくれるように訴状を差出した（『余目町史年表』）。

それに対し、庄内藩は同年閏八月に、余目領のほかに、当時諸星代官の支配となっていた庄内の大山（一万石）・丸岡（一万石）両領も預地にしてくれるように幕府に伺い出ていたのであった（『雞肋編』下巻）。しかし、幕府は〝正徳の治〟において大名預地の廃止を方針としていたので、庄内藩の願書は無視されたのであり、大山・丸岡両領に対する幕府代官の支配は以後もしばらく続くことになる。

しかも、庄内藩の預地であった余目領も諸星代官の支配に移されることになり、同領は正徳三年（一七一三）八月に諸星代官の方に引渡されたので、諸星代官は余目役所を新設して手代一名を駐在させて支配に当ったことは前に述べた。領民たちは自分たちの訴願が聞届けられたものとして大いに喜んだのであった（「南口・工藤氏記録」『余目町史資料』第一号）。

正徳二年八月にも幕領巡見使が派遣されることになって、巡見使通行の際の注意が支配代官の諸星内蔵助・藤兵衛父子宛に申渡され、さらに代官父子より村々に布達された。それを村々は百姓連判のうえで請書の形式にして支配役所に再び提出したのである（「御巡見様御通ニ付御書付奉拝見惣連判」二口文書）。

その時期、正徳二年（一七一二）七月に幕府は勘定吟味役を再置した（『折りたく柴の記』）。同九月には勘定奉行荻原重秀が罷免された。このように〝正徳の治〟が開始され、幕領支配にも仕法の改変や人事の交代が実施されつつあったのである。そして翌正徳三年四月には代官に対し幕領の支配に関する十三カ条が布達された。小検見の廃止、幕領大庄屋制度の廃止等の内容である（『徳川実紀』第七篇、『御触書寛保集成』）。支配代官より村々にも触れられたのであり、村山郡寺津村（現天童市）では、小検見の廃止に伴って庄屋の内検見や代官検見を遵守して不公平のないようにする旨の誓詞を作成していた（「諸事目録写帳」『天童市史編集資料』第二十八号）。

また庄内・由利天領では大庄屋制の廃止の申渡に対して何らかの歎願をしたのであった（「大山官庫御用留目録」、田中政徳『郷政録』所収）。その歎願に関連していると思われるが、由利領（現秋田県由利郡）では村数十一カ村、高二二〇〇石ほどの狭小の天領であったのに、それまでは大砂川村（現象潟町）文左衛門（横山姓）と小滝村（同前）善兵衛（斎藤姓）の二人の大庄屋がいたが、今度の申渡で急に大庄屋が廃止となってははなはだ困るので、早速正徳三年五月に大庄屋存続を諸星代官あてに要望したのであった。それに対する同年八月の諸星代官の返答では、由利領よりの訴状をまだ勘定所に提出していないが、帰府次第に上申すれば大庄屋の存続が可能であるとして、それまでの間、とりあえず二人の庄屋が一年交代で年番に勤めるように指示したのであった（渡部博之「関村伝来文書の中から」、象潟町教育委員会『象潟の文化』平成四年度）。二人が年番勤めをするということは、両人とも大庄屋の身分を保ちつつ職務を一年交代で勤めることである。どうやら、諸星代官は大庄屋の廃止に賛成ではなく、何とか存続させようと考えていたことがうかがえる。そのため、諸星代官が代官職を突如罷免される正徳四年（一七一四）三月までは少なくとも庄内・由利天領では大庄屋は存続していたものと推測される。

前にすでに言及しているように、庄内の丸岡領は承応二年（一六五三）より元禄二年（一六八九）まで庄内藩の預地であったが、その間は庄内藩の大肝煎（大庄屋）が丸岡領の大肝煎の役を兼務していたので、元禄二年に庄内藩預地が廃止され、幕府代官の支配になると、自動的に大肝煎の兼務も解消したことから、丸岡領に大肝煎（大庄屋）がいないことになった。ところが、すでに小野朝之丞（寒河江代官）の支配になっていたとみられるが、支配代官は大肝煎（大庄屋）制をとらず、年番庄屋（年番名主）制を採用して組合村に属する名主たちに一年交代に組の惣代役を勤めさせたうえ、特に和名川陣屋のある和名川村名主の高橋久右衛門を定年番に任命し大庄屋に準じた権限を付与した。諸星代官もそれを受け継ぎ、二代目高橋久右衛門を定年番としたのである（拙著『出羽幕領支配の研究』第八章）。つまり、諸星代官の時、庄内・由利天領では大山領や由利領に大庄屋が置かれていたのに、丸岡領には大庄屋はおらず定年番や年番名主が置かれていたのである。

正徳三年（一七一三）七月五日付で、幕府は代官の子息が公用文書等に加印することを禁止したことから（『徳川実紀』）、諸星代官もあるいは子の藤兵衛との父子勤めが中止となったことが考えられる。そのためか正徳三年の年貢割付状の発給者は諸星内蔵助一人となっていた。

正徳三年八月に、前述のように庄内の余目領五千石も諸星代官の支配となった。

そして、正徳四年（一七一四）四月に諸星内蔵助は突如代官を罷免されたのである。子の藤兵衛の「不行跡」と内蔵助自身にも「不行跡」の噂があるということが罷免の理由であった。元禄三年（一六九〇）四月から二十四カ年代官を勤めたのであったが、以後内蔵助は代官職に復帰することはなかった。

ところが、一部の歴史書に諸星内蔵助は享保六年（一七二一）までなお出羽代官を勤めていたとするものがある。古くは『西村山郡史』（巻之四）などがあり、近年でも『山形県史・要覧』所収の「幕府領代官一覧」などがその例である。

そのため、諸星内蔵助が享保三年に寒河江陣屋を建替えた（長井政太郎『柴橋村誌』）などの誤った記述が郡史や市町史類に今もって散見されたりもするのである。茎田佳寿子著『幕末日本の法意識』では、享保八年（一七二三）二月に起った質地騒動である長瀞騒動と諸星内蔵助の引負金の間に何か関係がある可能性を指摘しているのも、同人が享保六年（一七二一）まで長瀞代官を勤めていて、そのうえで引負を出したという誤った前提に基づいての推論であると思われる。

諸星内蔵助は正徳四年（一七一四）三月で代官を罷免されたのであり、支配地のうち出羽天領の方は同年中頃から、新任の長瀞代官秋山彦太夫と同じく寒河江代官柘植兵太夫に分割されて支配されたのである。長瀞騒動も秋山彦太夫代官の支配下の長瀞村で、幕府が享保六年（一七二一）十二月に出した流地禁止令に伴って起った農民らの質地奪還をめぐる事件であったことは周知のことである。秋山彦太夫はこの事件の責任を問われて代官を罷免されたのである。

次に諸星代官の時の年貢に関しても述べておこう。

まず、元禄七年（一六九四）十二月に、幕府より出羽国村々の申渡しがあり、江戸廻米となる出羽御城米の最上川などでの川下げに際し、諸星代官の方からの指示があり次第に御料・私領を問わず遅滞なく川舟の提供を命じているが、それに対し翌八年正月に村々より請書が提出されていた（三川町神花・本間家文書）。酒田湊を経由して江戸廻米される村山、庄内、由利天領はすべて諸星代官の支配地となっていたことを示すものである。諸星代官の支配となって初めての江戸廻米ということになる。

元禄八年（一六九五）は奥羽地方が大飢饉であり、これを契機に松前藩は幕府に願い出て、翌九年より年々出羽天領の年貢米の払い下げを受けることになったが、出羽天領側ではこの払い下げ米を〝松前渡米〟と呼んだ。酒田などで松前藩の方に年貢米が引渡され、後に同藩より支配代官に代金が上納されるものであったが、開始より二〇ヵ年ほどは諸星内蔵助代官所の取扱いになったわけであり、松前藩側の史料にも諸星代官の名前が散見される(「松前年々記」『松前町史・史料編』第一巻所収など)。天領村々にとっては松前渡米を松前藩側に酒田で引渡せば事済みとなり、その分の年貢米を江戸まで廻米する必要がなかったことから大いに歓迎したのであった。

江戸廻米といえば、幕府の指示によろうが、元禄十二年(一六九六)に諸星代官支配下の村山幕領村々では、御城米二万俵(三斗七升入)を笹谷越えにより奥羽山脈を越え阿武隈川水運により仙台荒浜(現宮城県)に出すことを命じられたので、人馬調達などで大変迷惑したのであった(河北町誌編纂史料『大町念仏講帳』)。これは最上川の渇水などで酒田までの川下げが出来なかったことによる特別の措置であったとみることもできるが(『山形市史』中巻)、むしろ江戸が米不足で急ぎ江戸へ年貢米を廻送する必要があっての緊急措置だったと思える。いずれにしろ、通常のような西廻りではなく、東廻りで江戸廻米を行ったことになる。東廻りといえば、宝永元年(一七〇四)五月十六日付で諸星内蔵助の名前のある添状を付して幕府勘定奉行の覚書二通を東廻りで酒田湊より江戸までの浦々に触廻したが(鶴岡市郷土資料館阿部文書)、これは出羽御城米の東廻り廻米を開始するためのものであったかと思われるが、実際に出羽天領御城米の東廻り江戸廻米が実施されるのは正徳四年(一七一四)のことであったといわれる(渡辺信夫『海からの文化―みちのく海運史』)。

宝永七年(一七一〇)には村山天領では大坂廻米が行われたが(「正覚寺文書」)、大坂廻米は当時はほとんど行われていなかったようであり、出羽天領としてはあるいはこの時が初めての大坂廻米であったかとも思われる。

同じ宝永七年五月頃のこととして、大石田の船方などの歎願を諸星代官が幕府勘定所に取次いで許可を受けた結果、最上川を川船で御城米を積下す時の運賃米が米百俵につき一俵だけ値上げすることが許されている（『酒田市史・史料篇』四）。その御礼として大石田では、長瀞代官所の元締手代である直江六郎右衛門、狩野萬右衛門、直江左源次の三名に金七両二歩ずつを贈っていた（長井政太郎『大石田町誌』）。

表4　丸岡領廿六木村の年貢高

年　代	年貢取米	年　代	年貢取米
元禄2	41石.590	元禄16	98石.0380
3	46.9160	宝永1	107.1190
4	71.0780	2	107.1150
5	78.6720	3	109.3380
6	81.7910	4	80.2910
7	78.5050	5	?
8	75.1170	6	?
9	84.7910	7	102.7100
10	83.3100	正徳1	107.7180
11	?	2	107.7180
12	87.0470	3	117.7250
13	90.5580	4	127.0110
14	91.1810	5	131.8380
15	62.4740	6	122.9570

（注）　余目町廿六木文書の各年「年貢割付状」より作成。

江戸廻米は百姓たちにとって負担が重かったのであり、庄内・丸岡領では正徳三年（一七一三）七月に、「酒田ニ而渡シ切」にし、江戸廻米を免除してほしいと歎願していたが（余目町廿六木文書）、聞届けられなかった。松前渡米のことが頭にあっての歎願であろう。

ところで、諸星代官の支配が始まってしばらくの間、徴租法は当時天領で広く行われていた畝引検見取が行われていたのであり、たとえば庄内・丸岡領村々には元禄九年（一六九六）や同十一年の「悪所検見帳」が残されている。その頃は年々定法どうりの検見があり多少なりとも検見引が行われていた。しかし、諸星代官はそのうち検見引を行わなくなるが、これは代官検見を行わなかったことによろう。そのため村々の年貢量は増加することになった。事実上、畝引検見取の実施を中止したのである。表4は丸岡領廿六木《とどろき》村（現山形県東田川郡余目町）の年貢取米の推移を示したものである。同村は最上川下流の南岸に位置しており、元禄二年まで庄内藩預地となっていたが、預地時代には「定免一ッ五分」のように大変な低免であったが、元禄二年に幕府代官の直支配となり、それより次第に年貢量が引上げられたのであって、特に諸星代官支配の後半にあたる十八世紀初めの宝永・正徳年間における年貢量の引上げが著しいことが知られる。

幕府は「正徳の治」の一環として正徳三年（一七一三）に小検見を廃止しており、諸星代官が事実上畝引検見取を中止したことはそれらの動きを先取りしていたといえるし、定免法に準じた徴租法を実施しようとしていたとみることもできる。諸星代官は新井白石らが主導する「正徳の治」で行った幕政改革にあまり賛成ではなかったようであるが、徴租法の改正については率先して取組んだといえる。ちなみに正徳三年八月より諸星代官の支配に入った庄内・余目領（五千石、十五カ村）では、早速同年から永定免法が始まったのであり、その点からも諸星代官が定免法の施行に並々ならぬ関心を持っていたことがうかがえよう。

ところで、右の余目領では、正徳三年（一七一三）に永定免法が始まったが、同時に本年貢は皆金納となった。余目領の皆金納のことは特別としても、前述のように出羽天領では元禄年間に入って年貢の石代金納が進み、石代金納の割合が高まり、年々年貢の半分程度を占めるようになったばかりでなく、凶作などの年には過半を越えるようになったのである。たとえば由利郡関村（現秋田県由利郡象潟町）の元禄十五年度の年貢皆済目録（『秋田県史資料編』近世下所収）では、五分一金納・夫食所払金納・青米金納のほかに大豆代米や荏代米も永納（金納）されたので、本年貢六二石一斗余のうち、約三分の二の四〇石九斗余が石代金納されて、実際に米納されたのは残り三分の一の二一石一斗余にすぎなかった。五分一金納は本年貢の五分一（二〇パーセント）を定金納するもの、夫食所払金納は年貢米のうち一定額を夫食米として年々百姓たちに延売するもの、青米金納は不作を理由に認められた臨時金納である。残った米納の分に小物成の分を加え、合せて二一石四斗余が江戸廻米された。この年は何故か松前渡米がなく、すべて江戸廻米に向けられたのである。

村山天領の一部で宝永四年（一七〇七）、同五年の両年に石代金納の増加を求めて江戸に出府し訴願することがあり、皆金納などが許された（『西川町史編集資料』第三号(二)）。まず四年には黒森村（現大江町）名主長左衛門、沼山村（現西川村）百姓源衛門が出訴したところ、水沢村（現西川町）より上にある大谷村（現朝日町）など十八カ村の山村が皆金納となった。ほかに年貢米の三分二が石代金納となった村もあり、白岩村（現寒河江市）は三分一だけ石代金納が許された。翌五年にも黒森村名主長左衛門と兵助新田（現西川町）勘三郎が出訴して年貢の皆金納が許されたという。以後西部寄りの山村などでは、年々皆金納となったということであろう。事実、同六年には特に江戸出願は行わなかったが皆金納となっていた。

皆金納でない村でも、たとえば白岩村の宝永七年（一七一〇）「御成ケ御勘定仕上目録」（『寒河江市史編纂叢書』第三十五集）では、五分一金納一六四石六斗余、夫食金納一三七石二斗余のほか、悪米金納三二六石余が加わり、米納は一九五石一斗余にすぎず、年貢に占める石代金納の割合は七六・三パーセントを占めていた。年貢の四分三が石代金納となっていたことになる。石代金納の割合が増加傾向にあったのである。河北町誌編纂史料『大町念仏講帳』では、正徳三年（一七一三）に「江戸金納訴訟人」として土屋勘兵衛・秋場庄蔵の有姓の者二名の名前が記してあり、おそらく周辺村々の代表として江戸出訴したものであろうが、このように年々のような訴願によって平場の村でも石代金納が増加し、年貢の過半を越えることがしばしばみられるようになっていたのである。もちろん、このような江戸訴訟は諸星代官の諸役所よりの添状があってのことであろう。

金納といえば、宝永四年（一七〇七）十一月の富士山噴火による降灰を取り除くための費用の名目で、翌五年閏正月に諸国とも公私領にかかわらず高百石につき金二両の割合で上納することを命じられた（『徳川実紀』第六篇）。出羽天領でももちろん徴収されたのであり、庄内・大山領角田二口村（現三川町）は村高三〇一石余であるが、

高六貫廿文

此米九石七斗九升五合

是ハ富士山おろし砂除被仰付、高百石ニ弐両掛如レ此

というように永六貫文（金六両）余を上納していた（宝永四亥年「大山領角田二口村収納物之外入用帳」鶴岡市郷土資料館二口文書）。

三　諸星内蔵助の罷免と流罪

元禄七年（一六九四）に羽州・長瀞代官に就任して、ちょうど二〇年経った正徳四年（一七一四）三月に至り、諸星代官父子は突如罷免となり代官職を奪われた。その理由としては、代官父子勤となっていたが、子の藤兵衛の行状が良くないのに、父の内蔵助が訓戒も加えず放置したうえ、内蔵助自身にも行状が芳しくないという噂がある、ということであった（『寛政重修諸家譜』一一九九、『徳川実紀』第六篇）。諸星内蔵助は数え六十四歳になっていた。

嫡子藤兵衛はこのため諸星家の継嗣の地位を除かれた。『寛政重修諸家譜』によれば、内蔵助には藤兵衛のほかに三人の娘がいたが、いずれもすでに他家に嫁していたようである。つまり、藤兵衛が家督に就けないとすれば、内蔵助の年齢を考慮すると家の存続のためには他家より養嗣子を迎える必要があったはずである。しかし、内蔵助は別に養子をとらなかった。自身の謹慎のことを憚って養子をとるのを控えていたものか、それとも藤兵衛がいずれ宥免されて継嗣の地位に復帰するのを待つつもりであったものか。

内蔵助自身は代官罷免の後しばらく謹慎していたが、一年半後の翌正徳五年（一七一五）九月にはいったん赦された。ところが、間もなく、同人に多額の年貢滞納があることが判明し、年賦返済を命じられた。庄内藩（酒井家）藩士の覚書（「江戸聞書」『雞肋編』下巻）に「子息藤兵衛殿不行跡ニ而引負御座候由」と記しており、藤兵衛の「不行跡」から引負が生じたという噂が当時あったことが知られる。

ちなみに、正徳三年（一七一三）冬に村々に下付される年貢割付状の発給者の名前は、それまでの場合と異なり、内蔵助一人であった。それは、幕府が同年七月に代官の子が代官所関係の公文書に加印することを禁じた（『徳川実紀』第七篇）のを受けてのことだったのかもしれない。あるいは、すでに藤兵衛の「不行状」が問題となったことによるとすれば、同年秋頃までに「不行状」が表面化し、代官父子勤を解かれていた可能性もある。その場合は同年正徳三年七月に下向した幕府巡見使が関わっていたことも考えられる。支配地である天領村々から藤兵衛の「不行状」についての訴状が巡見使に差し出され、それにより幕府に報告されたという可能性もあながち否定できないことであろう。

ただ、ちょうど「正徳の治」が実施されている最中だったことを忘れてはならない。

前述のように、諸星代官が元禄七年（一六九四）に羽州・長瀞代官に転任した際に、支配地が倍増したといってよいほど大幅に増加したし、また諸星代官が取り持って出府中の尾花沢の豪商鈴木八右衛門（清風）を荻原重秀ら幕府・勘定奉行たちに面謁させたというような点を考えると、諸星代官は上司である荻原重秀に眼をかけられていて、その分同人のためにいろいろ働いたことであろうし、やや推測を逞《たくま》しゅうすれば、世間では荻原派の代官とみられていたのではなかったかと思われる。

ところが、五代将軍綱吉の死去により、幕府の政権・政治方針が変わって、諸星内蔵助は以前から新井白石らに荻原派の代官と目されたことから、正徳四年（一七一四）三月に至り代官罷免となったのではなかろうか。それに、大庄屋廃止令に従わず、自分の在任中は大庄屋（大肝煎）を在任させていたように、諸星代官は「正徳の治」の幕政改革にあまり賛成でなかったようである。そのため、まず罷免が先にあって、その理由として子の藤兵衛の「不行状」や内蔵助自身の「不行状」の噂の件が持ち出されたものとみて、みられなくもない。正徳二年九月に勘定奉行を罷免された荻原重秀が翌三年九月に死去したので、子の源八郎乗秀が同四年三月に跡を続いたが、その際知行三千石を削られているので、荻原派の幕臣の処分もこの頃に行われたものとみられる。

さて、諸星内蔵助は一年ほど謹慎のうえ、いったん許され、小普請となったのであろう。引負米金の年賦返済を命じられたのである。ところが、その後の年賦返済が順調でなかったのであり、滞納したとして四年後の享保四年（一七一九）六月に至って、内蔵助は改めて遠流に処せられたのである。その日付を『寛政重修諸家譜』（巻第一一九九）では六月十三日のこととしているのに対し、『徳川実紀』（第八篇）ではそれより一日前の六月十二日のこととする。

諸星内蔵助は、『寛政重修諸家譜』（巻第一一九九）に載せられている略歴にあったように、自分自身の引負金ばかりでなく、一族で羽州・漆山代官を勤めて元禄六年（一六九三）六月に死去した諸星庄兵衛政照の引負金の一部も引受けていた。ところが、代官職を離れ小普請となったことで、家禄よりの収入だけとなり、年賦返済が困難だったことから、引負金の返済がほとんど滞ったものではなかったろうか。すでに八代将軍吉宗の治政となっていて、遠島という厳しい処分となったのである。同時に、子の藤兵衛の方も父内蔵助の件に連坐して追放となったし、前述のように養子もいなかったことから、諸星内蔵助の家は断絶となったのである。

諸星内蔵助はすでに六十九歳になっていたはずである。遠島先は伊豆の八丈島（現東京都）であり、翌享保五年五月より内蔵助は同島で三年暮らし病死したという（今川徳三『八丈島流人帳』）。伊豆七島のうち「八丈島は二度と再び戻るべからざる危険な政治・思想犯の〝遠島〟の空間」であったという（井出孫六『歴史紀行・島へ』）。内蔵助も政治犯ということになろうか。内蔵助と一緒に家来の板山幸次郎なる者も遠島になった（大隈三好『伊豆七島流人史』）。流人は家族（妻を除く）や使用人を連れて遠流の地へ渡ることができたのである（佐藤友之『江戸の流刑囚　近藤富蔵』）。ちなみに内蔵助の下僚で江戸役所詰であった元締手代高木平治右衛門や吉野定六も「誤」により八丈島へ遠島になったというので（横山昭男『尾花沢市史の研究』）、内蔵助に連坐したものであろうが、大勢の手代たちのうちこの両人が特に引負金の発生や年賦返済の滞納に責任があるとみなされたのであろう。

前述のように諸星内蔵助が滞納した引負金の一部は一族の諸星庄兵衛の分であったのであり、内蔵助の家の不幸については庄兵衛の家にも一半の責任があったわけである。しかし、両家のその後の行末は大きく異なる。確かに庄兵衛の子新平政成はしばらく相続が延期となったが、引負金の返済が済んで、ようやく相続が許されたのであり、その後も代々続いて、無事幕末まで存続したのである（『江戸幕府旗本人名事典』第三巻）。

諸星内蔵助が正徳四年（一七一四）三月に代官職を罷免されたことにより、出羽の支配地は新しく寒河江代官となった柘植兵太夫と同じく長瀞代官となった秋山彦太夫の両代官に二分されて支配されることになった。

なお、前述のように一部に諸星内蔵助は再び代官職に復帰したとみる見解もあるが（『山形県史・要覧』、および森杉夫「代官所機構の改革をめぐって」『大阪府立大学紀要』第十三号など）、右のように直ぐに後任の代官が任命されたのであり、少なくとも出羽天領では内蔵助が代官に再任された事実はなかったのである。

ところが、享保三年（一七一八）に寒河江陣屋が建替られたが、それは諸星内蔵助が代官の時とするし（長井政太郎『柴橋村誌』）、翌享保四年には村山郡小見村（現大江町）の溜井の樋口が塞がったので、諸星代官の手代平山藤五右衛門が奉行して、寒河江御料の人足六百人余りによって修理したとするように（『大江町史・年表編』）、村山地方の歴史書類には、享保年代にも諸星内蔵助が代官を勤めていたとする記述が結構みられる。あまつさえ、『編年西村山郡史』（巻之四）では、享保六年（一七二一）のこととして、

代官、諸星内蔵之助罷メ柘植兵太夫代官職ニ任ス。

と、諸星代官が代官を辞したのを享保六年のこととするが、前述のように内蔵助は前年享保五年五月より遠島となった八丈島で流人としての生活を送っていたわけであり、到底ありえないことであった。

右のような記述の延長上のことになろうが、茎田佳寿子氏の著『幕末日本の法意識』では、享保八年（一七二三）二月に質地の奪還をめぐって起った村山郡の質地騒動である長瀞騒動と諸星内蔵助代官の引負金の存在との間に関連があった可能性を指摘されている。直前まで代官を勤めていたことが事実とすればともかく、一〇年近く前に罷免された前代官では騒動に何らかの関係があったとはとうてい考えることができない。

諸星代官をはじめ幕府代官の事跡については、大正四年（一九一五）に刊行された『西村山郡史』などの記述を金科玉条のごとく取扱い無条件に受入れている傾向がみられる。しかし時代的制約もあり完全無欠な著作ではないのであり、したがって記述されていることについても不変の定説とみなさず、地方史料などによって吟味し、場合によっては訂正していく必要がある（平成十一年に刊行された『寒河江市史』中巻も大幅な見直しを行っている）。

出羽天領《でわてんりょう》の代官《だいかん》

著者略歴

本間　勝喜（ほんま・かつよし）

1944年　山形県鶴岡市に生まれる。

1966年　慶応義塾大学卒業。

1974年　東京教育大学大学院博士課程退学。

1986年　明治大学大学院博士前期課程修了。

現在、羽黒高校講師。

主要著作　『近世幕領年貢制度の研究』『出羽幕領支配の研究』
『近世前期羽州幕領支配の研究』（以上、文献出版）、
『酒井備中守忠解と大山藩』（阿部久書店）

現住所　〒997-0023　山形県鶴岡市鳥居町25－3

2000年9月10日発行

著　者　本　間　勝　喜

発行者　山　脇　洋　亮

印刷者　㈱熊　谷　印　刷

発行所　東京都千代田区飯田橋4－4－8　東京中央ビル内　同成社
TEL 03-3239-1467　振替00140-0-20618

ISBN4-88621-206-9 C3321